Mein großes buntes

Vorschul-Buch

ab 5

Zahlen, Buchstaben, Konzentration

von

Dr. Birgit Ebbert

Klett Lerntraining

Bibliografische Information der Deutschen Nationalbibliothek
Die Deutsche Nationalbibliothek verzeichnet diese Publikation in der Deutschen Nationalbibliografie; detaillierte bibliografische Daten sind im Internet über http://dnb.dnb.de abrufbar.

12. Auflage 2026

Dieses Werk folgt der neuesten Rechtschreibung und Zeichensetzung.

www.klett-lerntraining.de/kontakt

Illustrationen: Nadine Bougie, Viersen: S. 1, 2, 183; Madlen Frey und Till Bayreuther, Münster: S. 3–5, 8, 9, 13–17, 19, 23–35, 39–56, 60, 61, 63–70, 72–77, 79–83, 87–90, 92–99, 101, 102, 105–107, 110–114, 116–122, 124–132, 138–140, 142, 147, 149–160, 162–166, 168, 170, 173–181, 184–190; Veronika Mischitz, Esslingen: S. 1, 10–14, 18–22, 24–29, 32, 34–40, 42, 45, 50, 57–59, 62, 65, 68–71, 73, 75, 78, 80–86, 89–91, 94, 95, 98–100, 102–104, 106, 108, 109, 112, 115, 116, 118–127, 133–137, 140, 141, 143–146, 148, 150–154, 158–161, 163–169, 171, 172, 174, 178–180, 182–186, 189–191;
Silke Reimers, Mainz: S. 7–191
Satz: tebitron gmbh, Gerlingen
Druck: Multiprint Ltd., Kostinbrod
Printed in Bulgaria
ISBN 978-3-12-949544-5

Inhalt

9
7
E
W
5
Q
3
A

Liebe Eltern,

Sie möchten Ihr Kind spielerisch und ohne Druck fit für die Schule machen? *Mein großes buntes Voschul-Buch:* eine richtige Entscheidung.

Mit den abwechslungsreichen Themen und kunterbunten Aufgaben kann Ihr Kind wichtige Grundlagen üben, die für den späteren Lernerfolg relevant sind:

Feinmotorik
Diese Übungen trainieren die sichere Stiftführung und bereiten aufs Schreiben vor.

Erste Buchstaben
Ihr Kind lernt erste Buchstaben kennen, die Grundlage des Leselernprozesses.

Zahlen und Mengen
Hier werden erste Erfahrungen zu mathematischem Denken gemacht.

Formen und Farben
Erste geometrische Grunderfahrungen fördern das Formen- und Farbverständnis.

logisches Denken
Zusammenhänge erkennen und abstrahieren können sind wichtig für den späteren Lernerfolg.

Konzentration
Genaues Hinschauen und Beobachten fördern die Konzentration und Aufmerksamkeit.

Diese Kennzeichnung durch Luftballons finden Sie bei jeder Aufgabe. So sehen Sie auf einen Blick, welche Fähigkeit besonders gefördert wird.

Durch einfache Symbole in der Aufgabenstellung erkennt Ihr Kind ganz leicht, wie es die Aufgaben bearbeiten soll.

verbinden

den Weg durchs Labyrinth finden

Schwünge üben

ausmalen

einkreisen

Und nun – los geht's!

Viel Vergnügen wünscht
Ihre Vorschul-Redaktion

Ich komme in die Schule

Kannst du die Schule schon sehen?
Male die Felder in den richtigen Farben aus.

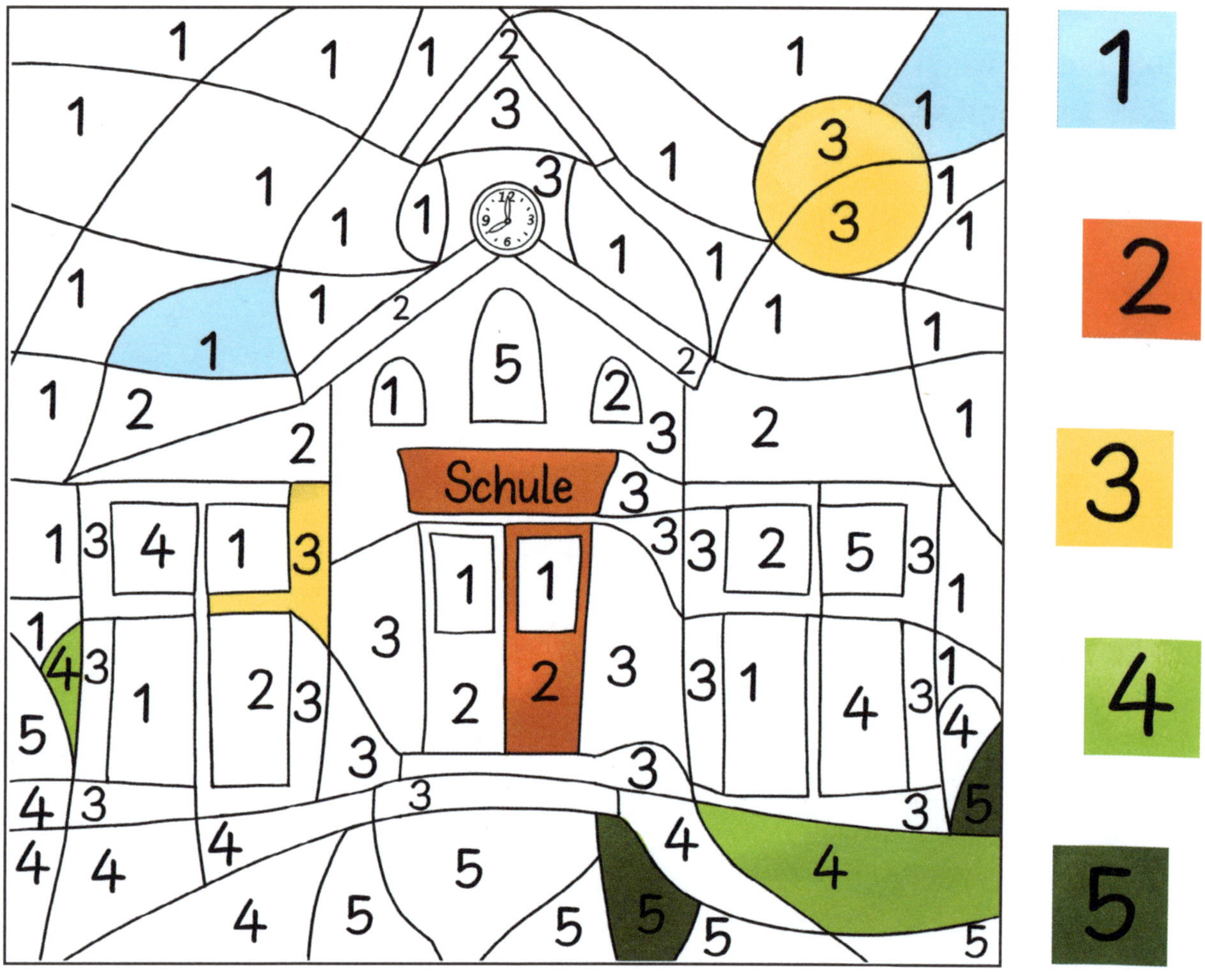

Wem gehört welche Schultasche? Verbinde.

Was bastelt Nina zum ersten Schultag?
Verbinde die Zahlen von 1 bis 20.

1 — 2 — 3 — 4 — 5 — 6 — 7 — 8 — 9 — 10 —

11 — 12 — 13 — 14 — 15 — 16 — 17 — 18 — 19 — 20

Verbinde die gleichen Brotdosen miteinander.

Abenteuer auf Safari

Der Koala lebt in Australien. Am liebsten sitzt er oben auf dem Baum. Verbinde die Puzzleteile mit der richtigen Stelle.

Male das Mandala in den richtigen Farben aus.

Welches Tier spaziert hier durch die Wüste?
Verbinde die Buchstaben von A bis Z.

A—B—C—D—E—F—G—H—I—J—K—L—M—N—
O—P—Q—R—S—T—U—V—W—X—Y—Z

Wie viele Tiere siehst du hier? Verbinde.

 6

 3

 2

 5

In Omas Garten

So schöne Blumen! Male die Felder in den richtigen Farben aus.

B L U M E

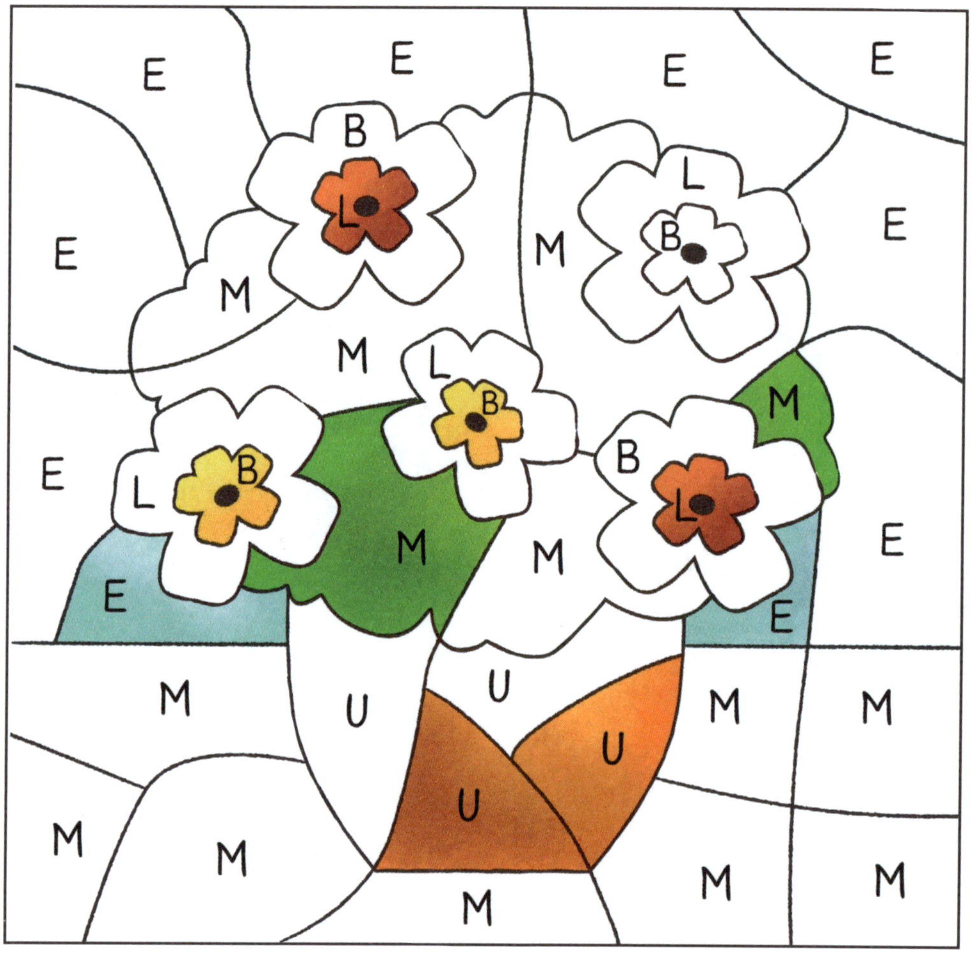

Oh, ein Kaktus! Verbinde die Buchstabenpaare miteinander.

Zwei Schnecken kriechen durch das Blumenbeet.
Zeichne ihre Häuser nach.

Im Garten der Hexe Lilo wachsen ganz besondere Blumen.
Findest du alles im Bild wieder? Kreise ein.

Die Dinos sind los!

Wo sind die Dinos? Male die Felder in den richtigen Farben aus.

D I N O S

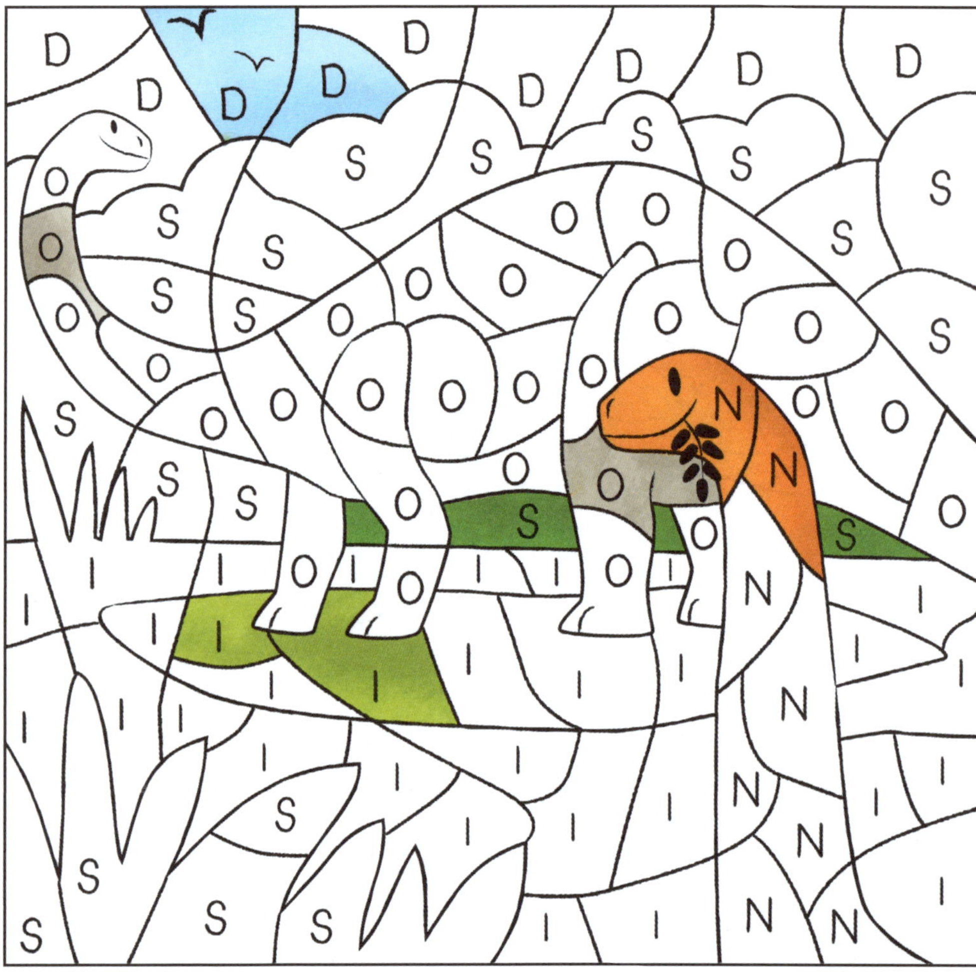

Welche Dinos sind gleich? Verbinde sie miteinander.

Wie kommt der Dino zu den leckeren Kräutern? Finde den Weg durch das Labyrinth.

Finde die Dinos, und male sie in den richtigen Farben aus.

Lass uns spielen!

Wie viele Fahrräder, Bücher und Murmeln haben die Kinder zusammen? Verbinde.

Mit was spielt Anton? Male die Felder in den richtigen Farben aus.

Maus Molly möchte mit ihrem Freund Willi spielen. Findet sie den Weg zu ihm oder landet sie in der Pfütze?

Tom und Lara spielen im Garten. Zeichne die Kreisbewegungen nach.

AbraKadabra

Die Zaubervorstellung hat begonnen.
Male die fünf Dinge dazu, welche im unteren Bild fehlen.

Finde immer die gleichen Bilder,
und verbinde sie miteinander.

Was zaubert der Zauberer denn da?
Verbinde die Zahlen von 1 bis 20.

1 — 2 — 3 — 4 — 5 — 6 — 7 — 8 — 9 — 10 —
11 — 12 — 13 — 14 — 15 — 16 — 17 — 18 — 19 — 20

Findest du diese Karten im Bild wieder? Kreise sie ein.

Schiff ahoi!

Wie viele Schiffe fahren auf dem Wasser?
Wie viele Fahnen hält der Krake? Verbinde.

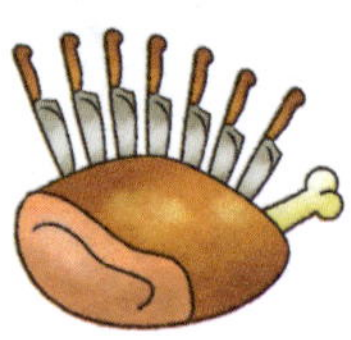

 2

 5

 7

 4

 8

Verbinde die Puzzleteile mit der richtigen Stelle.

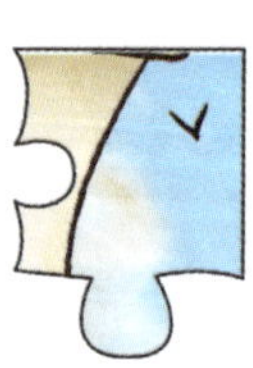

Male die Felder in den richtigen Farben aus.
Was ist hier auf dem Meer unterwegs?

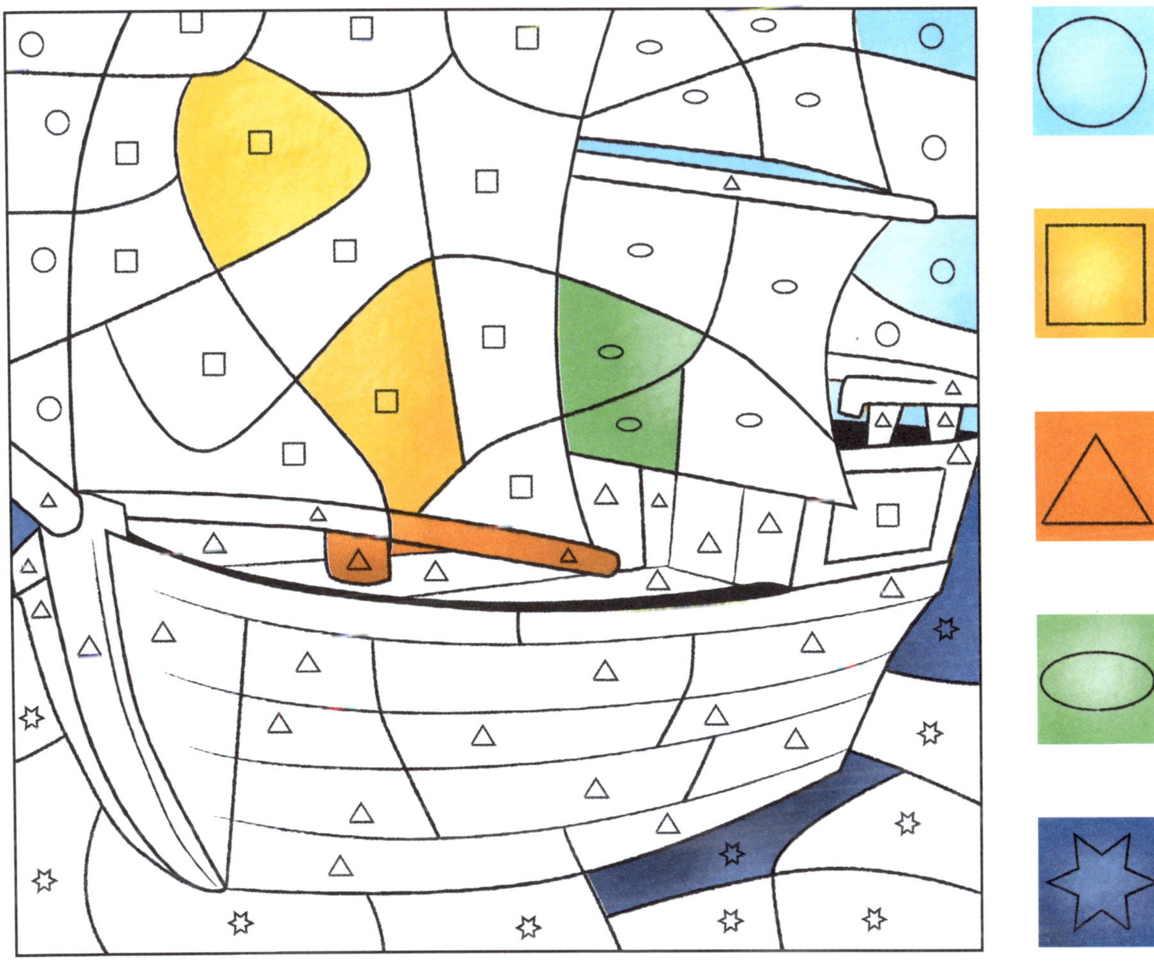

Fahre den Rauch nach, den das Schiff macht.

Musik bitte

Welches Musikinstrument versteckt sich hier?
Male die Felder in den richtigen Farben aus.

M U S I K

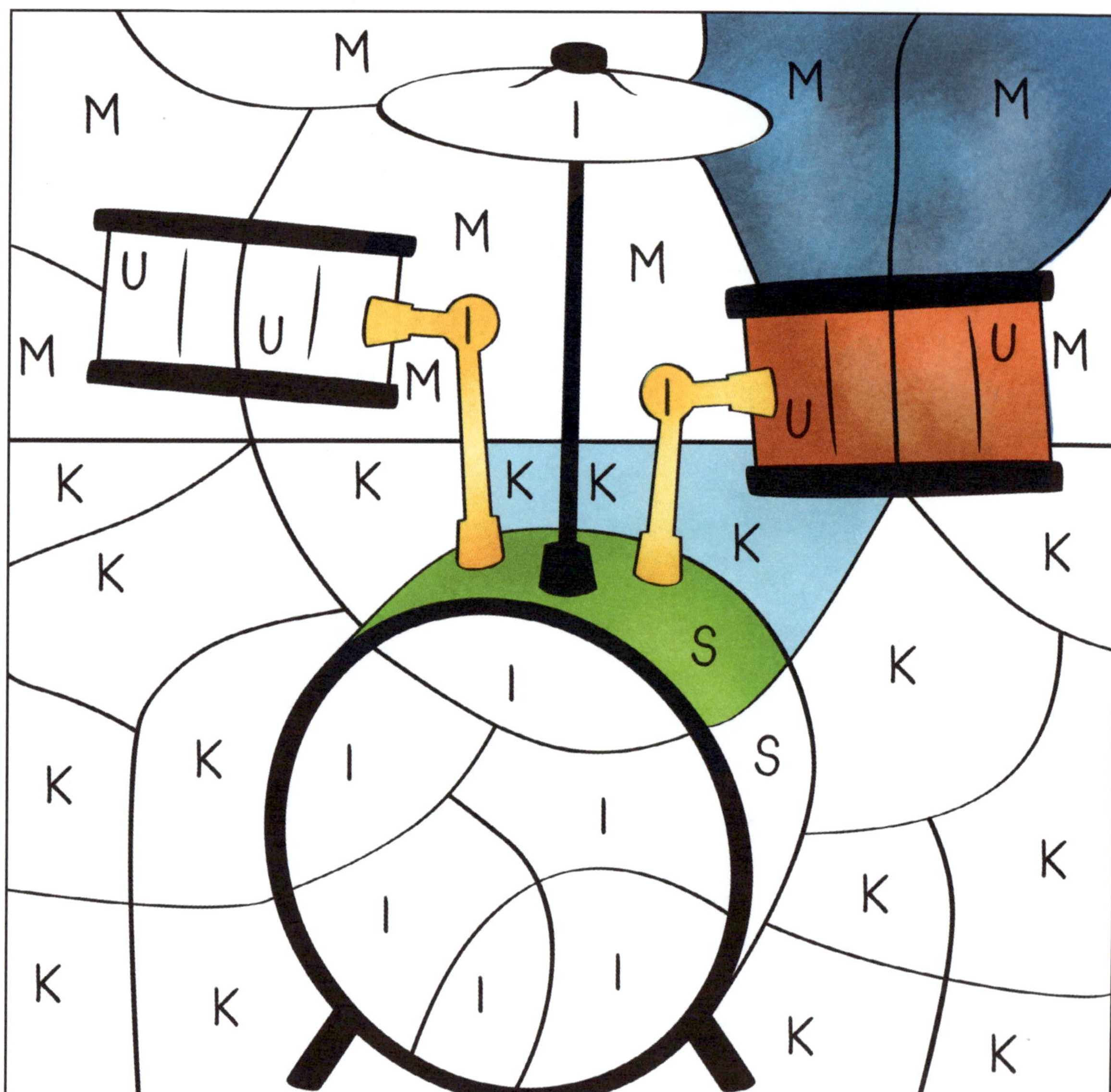

Verbinde die Musikinstrumente mit der richtigen Zahl.

Male das Mandala
in den richtigen
Farben aus.

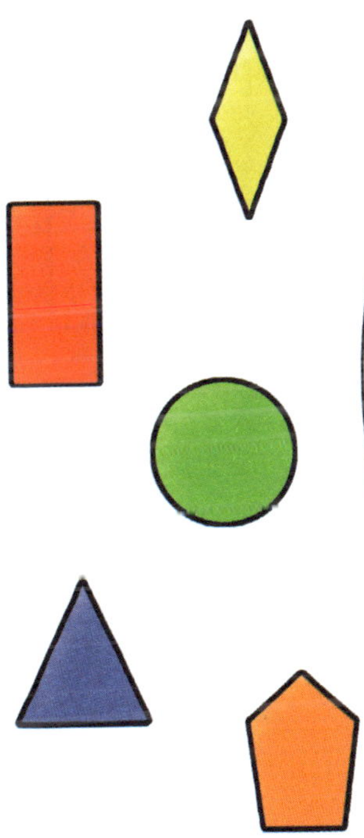

Am See

Nicht nur im Freibad kann man toll schwimmen, auch im See zu baden macht Spaß! Verbinde die Buchstabenpaare.

Die Libelle sucht den Weg zum See. Hilf ihr, und finde den Weg durch das Labyrinth.

Was ist hier auf dem See unterwegs?
Male die Felder in den richtigen Farben aus.

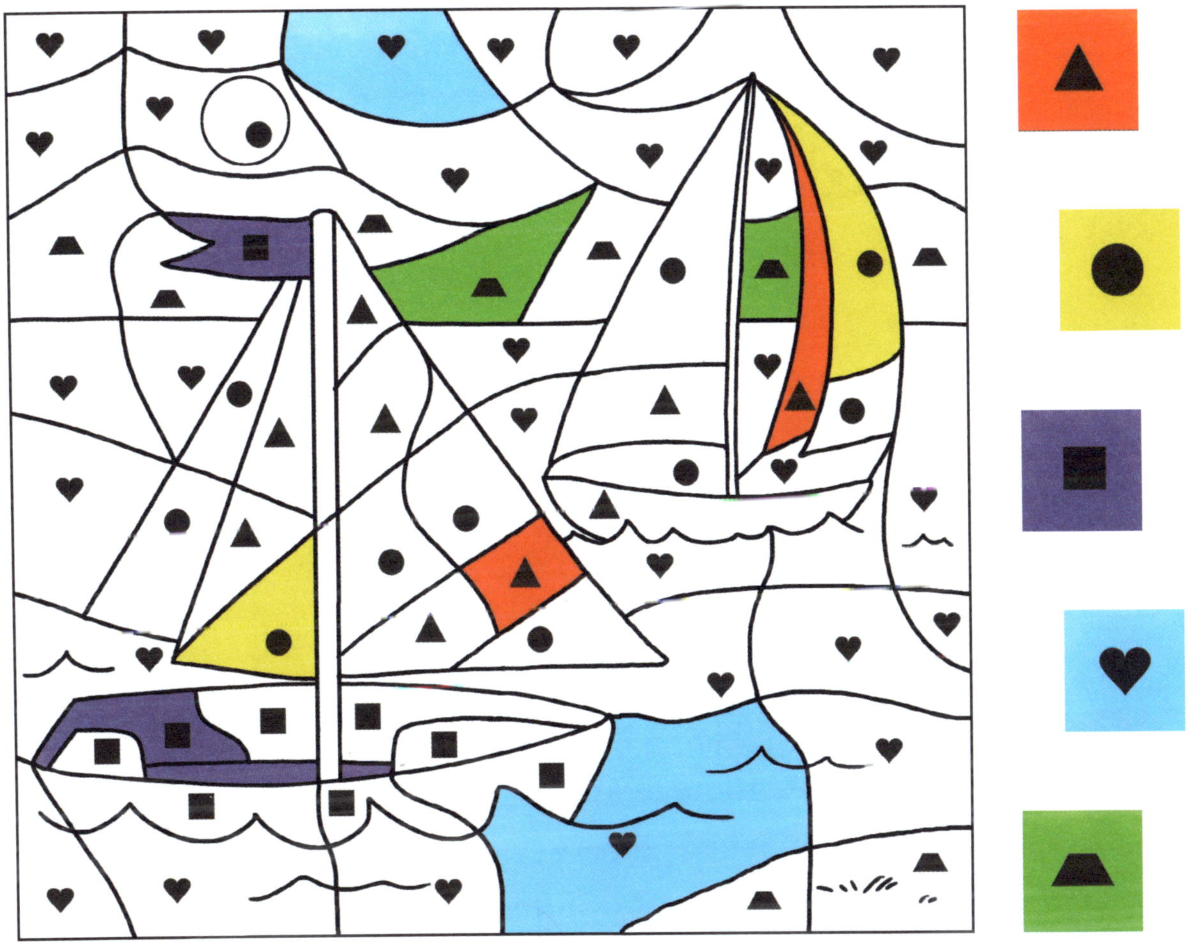

Zeichne die Wellen nach, die der Fisch macht.

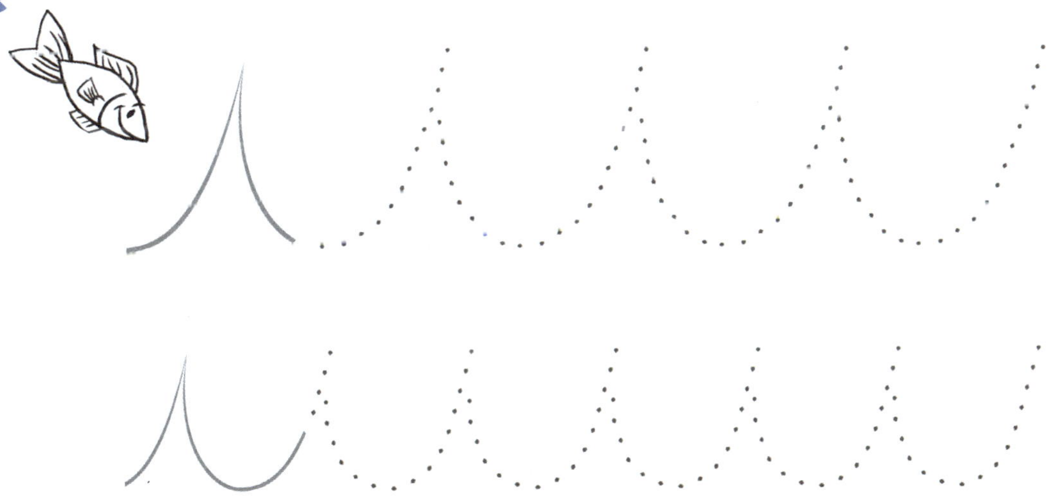

Willkommen bei uns

Wie viele Dinge siehst du hier? Verbinde.

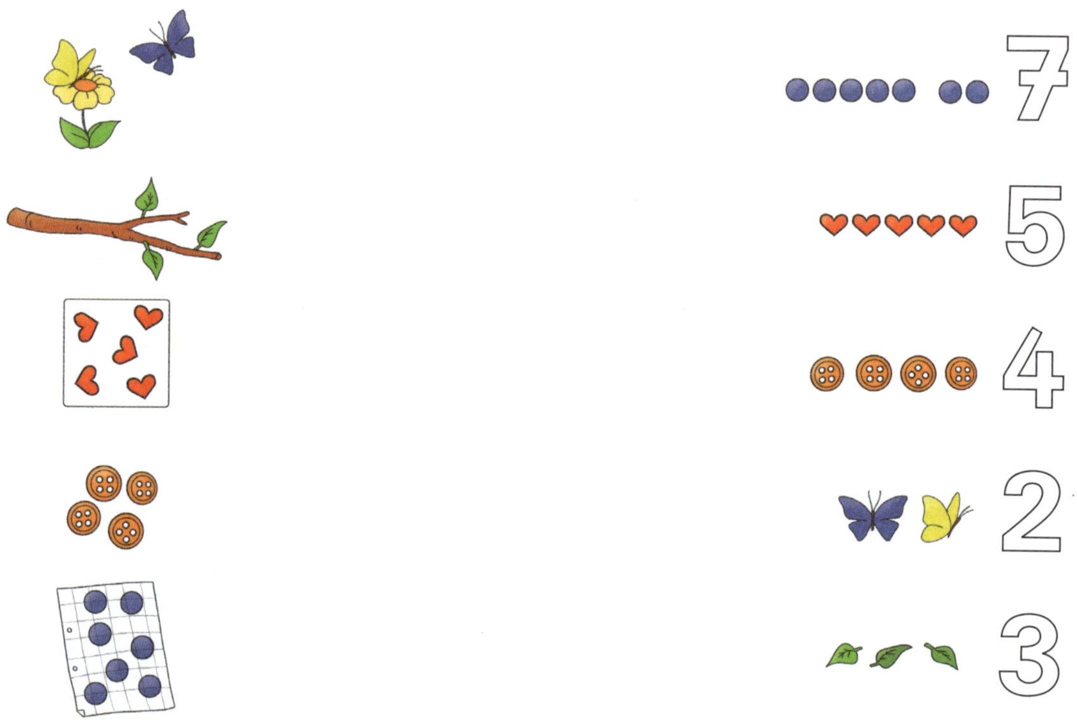

In diesem Zimmer kann man toll spielen!
Verbinde die Puzzleteile mit der richtigen Stelle im Bild.

Zeit zu baden! Findest du alles im Bild wieder? Kreise ein.

Was steht neben dem Bett?
Verbinde die Zahlen
von 1 bis 20.

1 — 2 — 3 — 4 — 5 — 6 — 7 —
8 — 9 — 10 — 11 — 12 — 13 — 14 —
15 — 16 — 17 — 18 — 19 — 20

Echt tierisch

Finde den Weg durch das Labyrinth. Wie heißt das Tier?

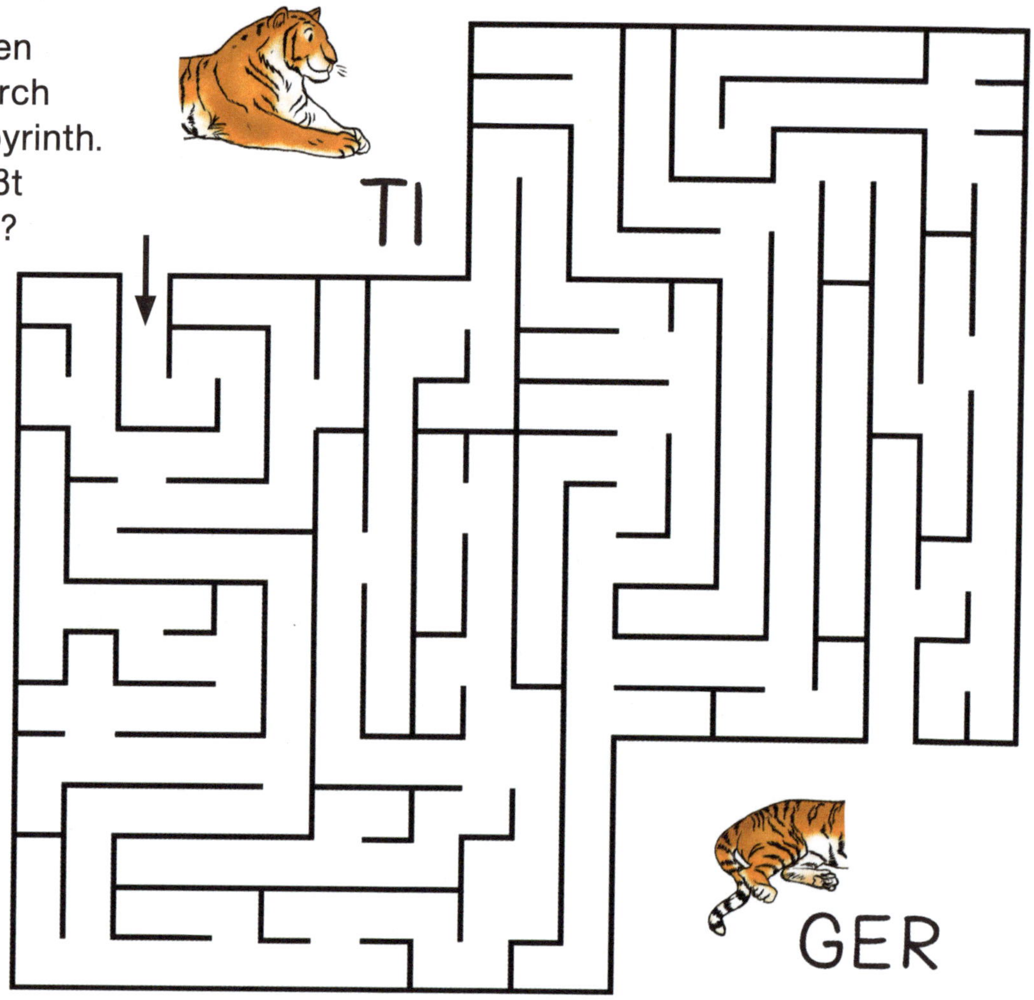

Welches Tier versteckt sich hier? Verbinde die Buchstaben von A bis Z.

A—B—C—D—E—F—G—H—I—J—
K—L—M—N—O—P—Q—R—S—T—
U—V—W—X—Y—Z

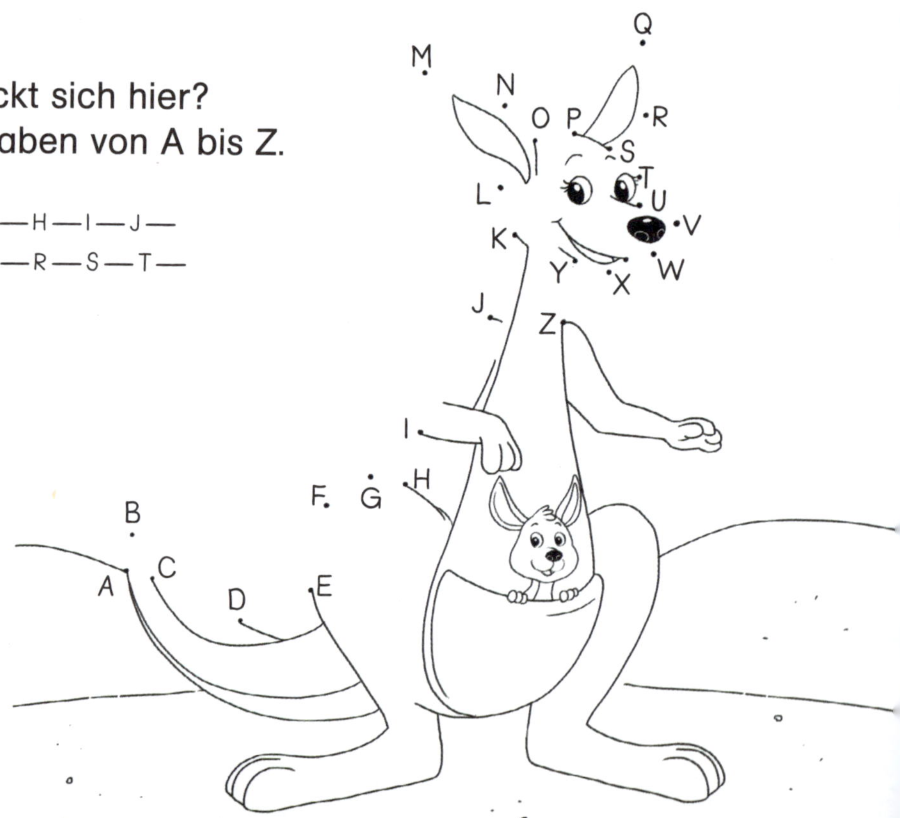

Findest du die Tiere in diesem Durcheinander?
Male sie in den richtigen Farben aus.

Verbinde die Puzzleteile mit der richtigen Stelle.

Wie verhext!

Die Hexe hat ihre Hexenbesen fortgehext.
Finde sie wieder, und male sie in den richtigen Farben aus.

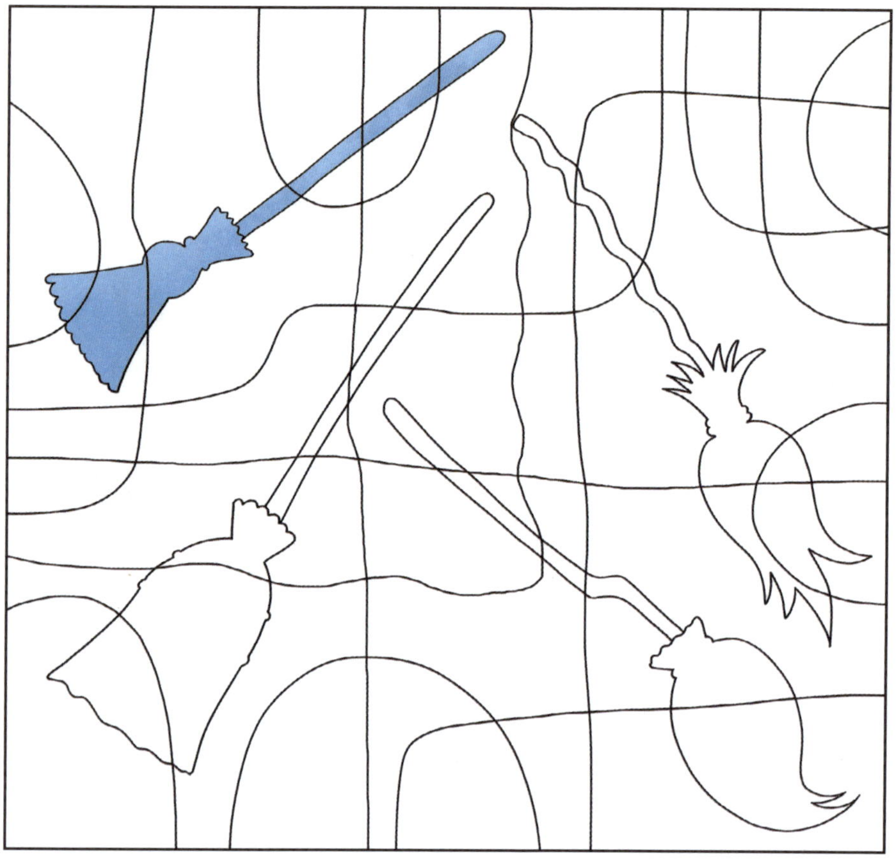

Ob der Rabe der Hexe wohl höher fliegen kann als die Taube, die der Zauberer gezaubert hat? Zeichne die beiden Flugbahnen nach.

So ein verhextes Chaos! Findest du alles im Bild wieder? Kreise ein.

Kunterbunte Formen

Dieses Mandala besteht aus vielen verschiedenen Formen.
Male es in den richtigen Farben aus.

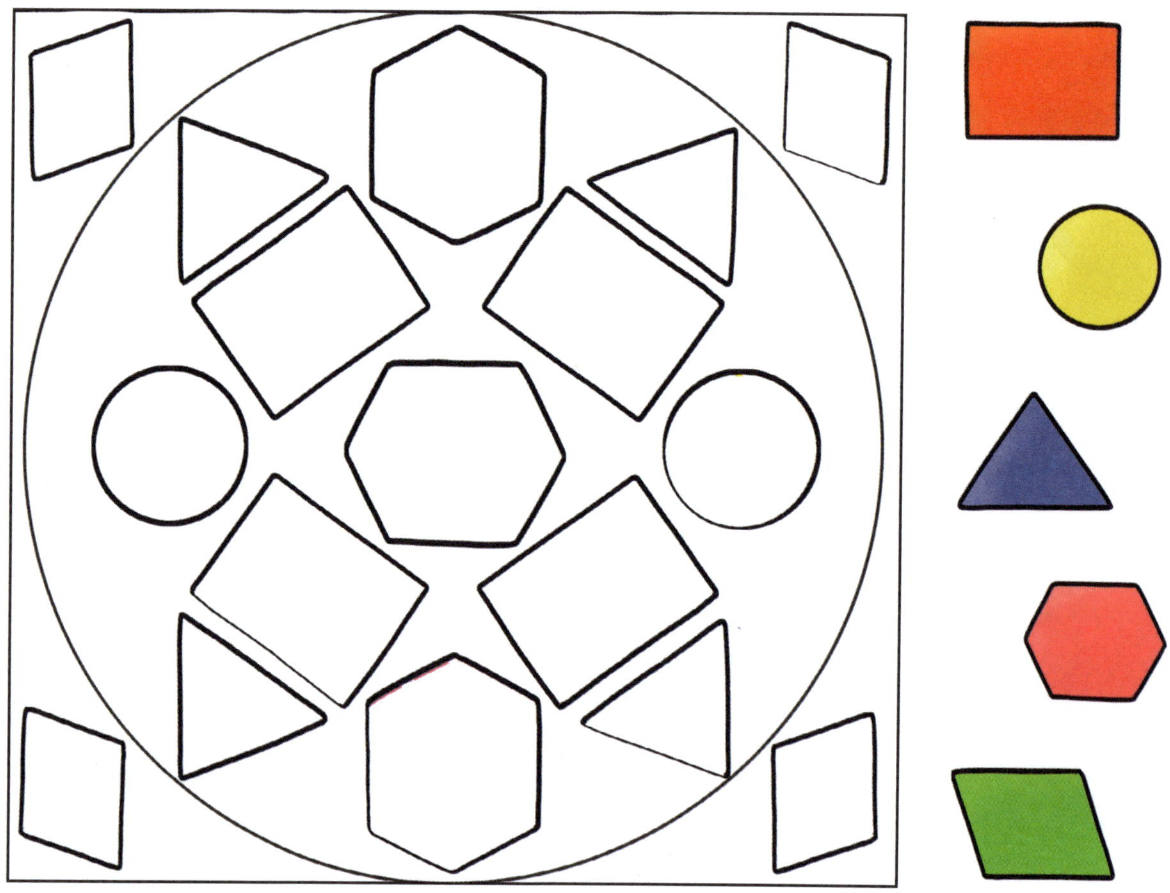

Diese Buchstaben haben lustige Formen.
Verbinde immer die gleichen Buchstaben.

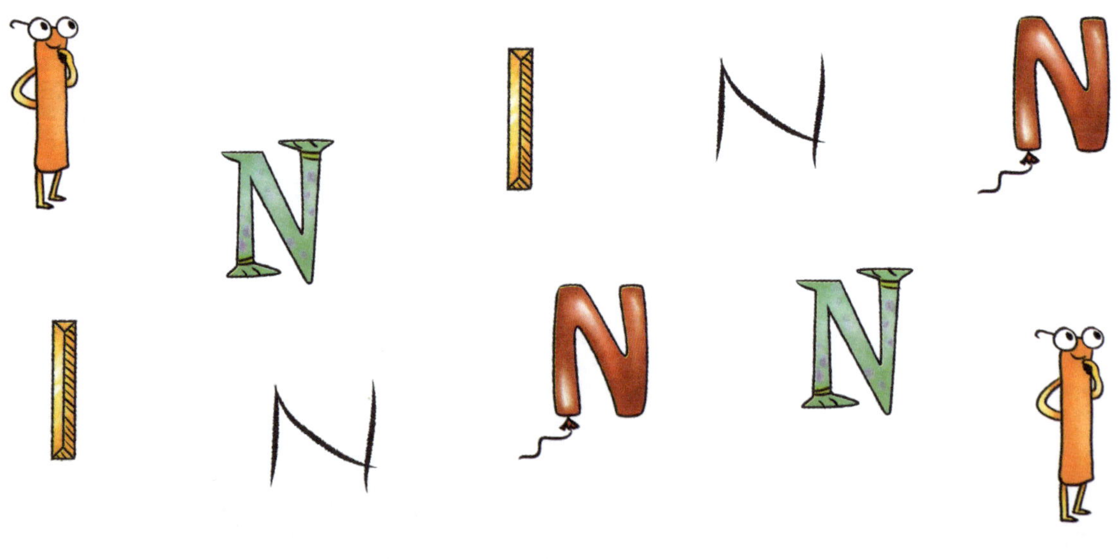

Der Wind hat die Formen durchgeschüttelt.
Welche sehen gleich aus? Verbinde.

Finde die Formen, und male sie in den richtigen Farben aus.

Viele, viele Krabbeltiere

Zeichne die Spuren dieser Krabbeltiere nach.

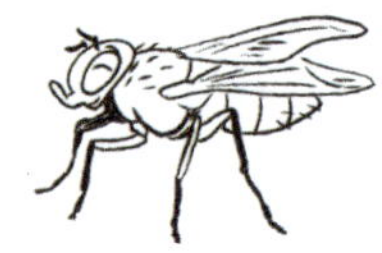

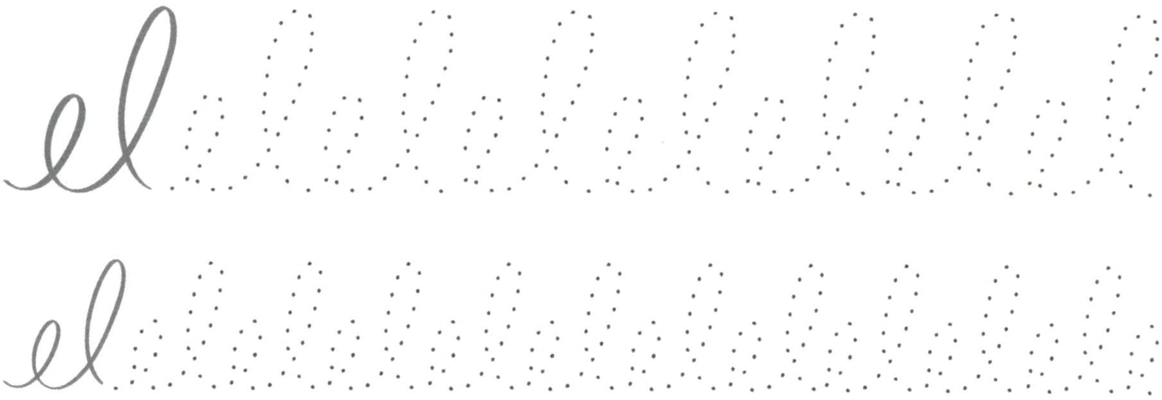

Die Schnecke muss dringend zum Briefkasten. Finde den Weg durch das Labyrinth.

Welches Tier krabbelt hier durch den Garten?
Male die Felder in den richtigen Farben aus.

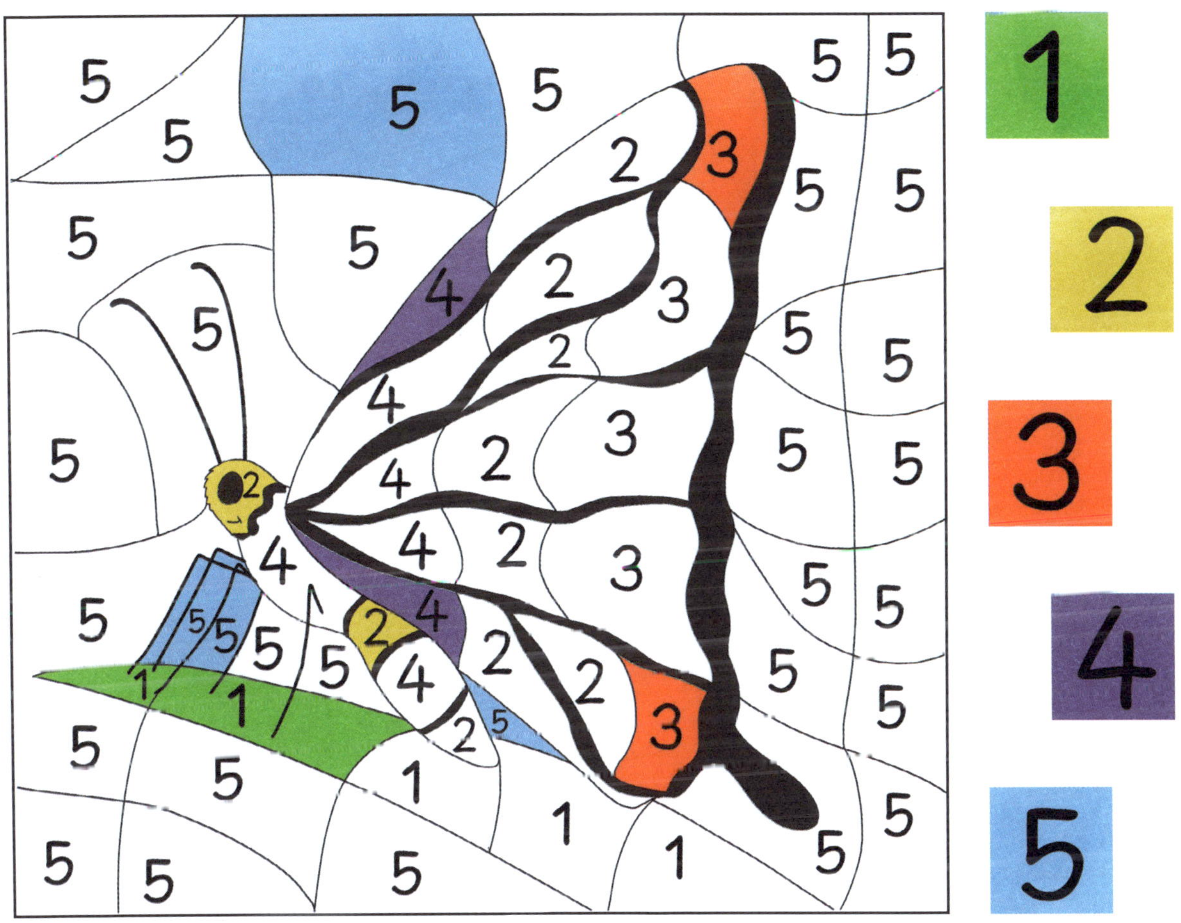

Drei, zwei, eins – los!

Anna und Jonas spielen mit ihrer Autorennbahn.
Verbinde die Puzzleteile mit der richtigen Stelle.

Was hat der kleine Hund entdeckt? Verbinde die Zahlen von 1 bis 20.

1 — 2 — 3 — 4 — 5 — 6 — 7 — 8 — 9 — 10 — 11 — 12 — 13 — 14 — 15 — 16 — 17 — 18 — 19 — 20

Ein fliegendes Auto? Das gibt es doch gar nicht!
Male dazu, was im unteren Bild fehlt.

Reise durch Afrika

Nicht alle der Raubkatzen leben in Afrika.
Welche davon sind gleich? Verbinde.

Zeichne das Muster
der Giraffe nach.

Wer lebt noch in Afrika?
Male die Felder in den richtigen Farben aus.

Hier hat sich auch ein Tier versteckt.
Verbinde die Zahlen von 1 bis 20.

1 — 2 — 3 — 4 —
5 — 6 — 7 — 8 —
9 — 10 — 11 — 12 —
13 — 14 — 15 — 16 —
17 — 18 — 19 — 20

Ferien am Meer

Ferien am Meer sind toll! Findest du alle Dinge im Bild wieder? Kreise ein.

Die Kinder haben etwas aus Sand gebaut.
Male die Felder in den richtigen Farben aus, um es zu sehen.

Hilfst du dem Schiff, den Weg zum Leuchtturm zu finden?

Draußen auf Entdeckungstour

Wenn du im Herbst draußen bist,
kannst du oft Kastanien oder Eicheln finden.
Welche Frucht passt zu welchem Blatt? Verbinde.

Emma hat im Wald einen Pilz entdeckt.
Finde die Buchstaben, und male sie
in den richtigen Farben aus.

PILZ

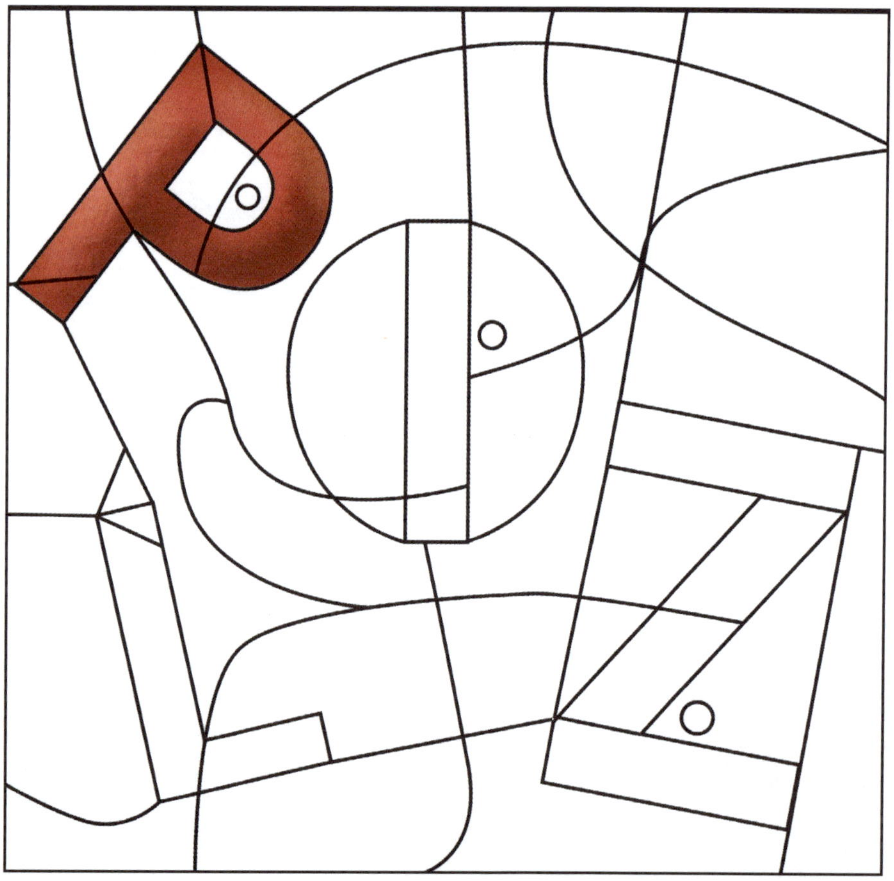

Wie viele Dinge siehst du hier? Verbinde.

Der Schmetterling möchte zu der rosa Rose. Finde den Weg durch das Labyrinth.

Früh am Morgen

Früh am Morgen macht sich der Wanderer auf den Weg.
Zeichne die Bergspitzen nach.

Die Schulkinder gehen gerade zur Schule.
Verbinde die Puzzleteile mit der richtigen Stelle.

Jeden Morgen putzt der Seemann das Schiff.
Im unteren Bild fehlen noch fünf Dinge. Male sie dazu.

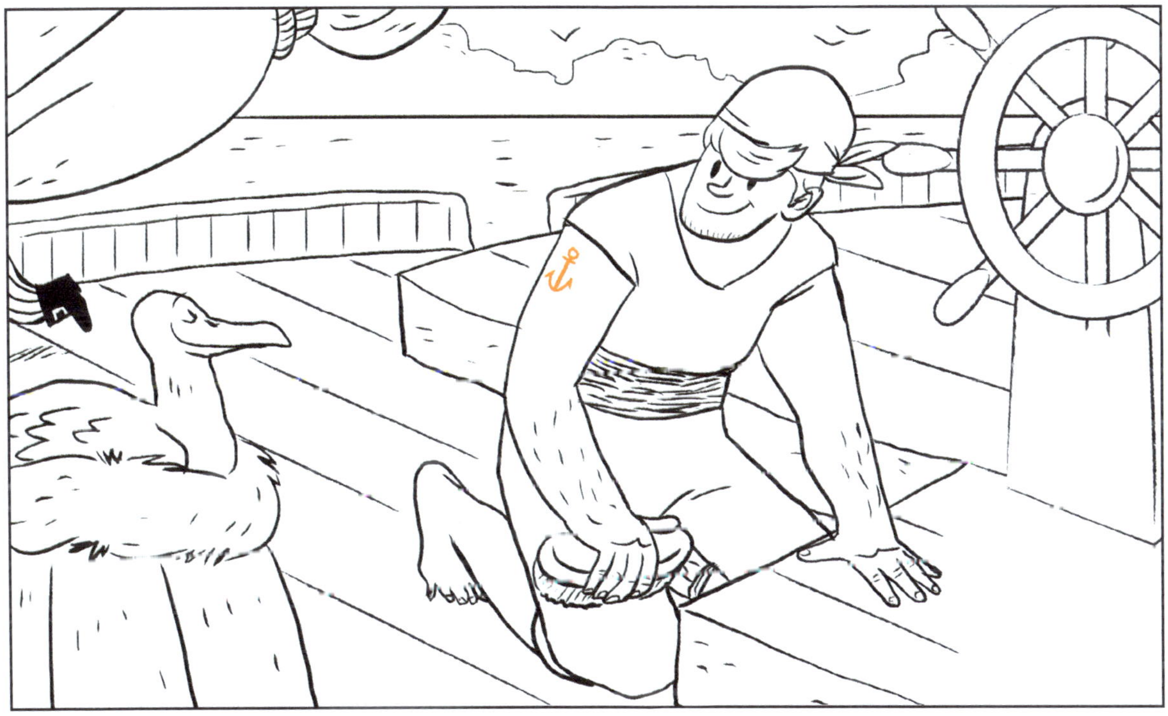

Entdecke Urzeit-Tiere

In der Urzeit lebten die Dinosaurier. Findest du im Bild alles wieder? Kreise ein.

Im Wasser tummeln sich lustige Tiere. Welche sind genau gleich? Verbinde.

Was fliegt hier durch die Luft? Verbinde die Zahlen von 1 bis 20.

1 — 2 — 3 — 4 — 5 — 6 — 7 — 8 — 9 — 10 — 11 — 12 — 13 — 14 — 15 — 16 — 17 — 18 — 19 — 20

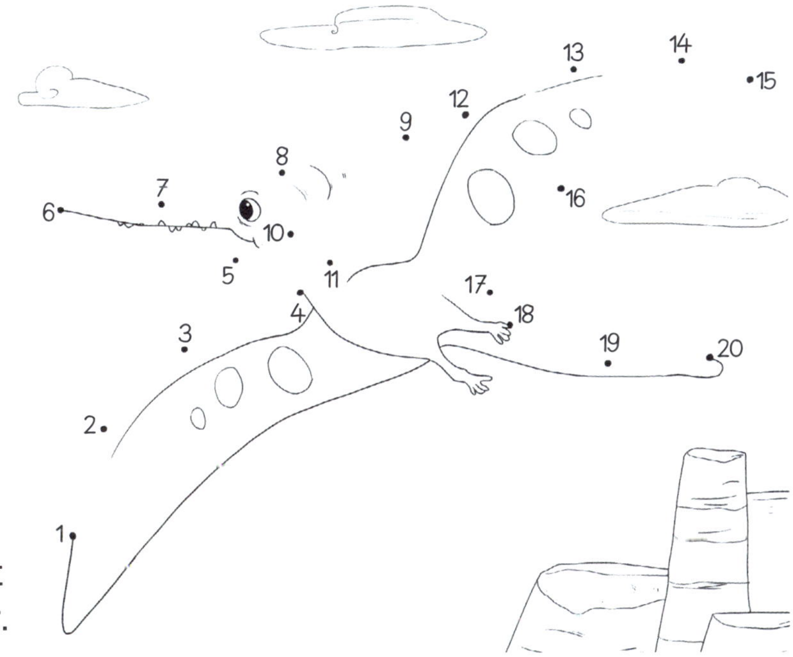

Ein Dinosaurier spaziert durch die schöne Natur. Male die Felder in den richtigen Farben aus, um ihn zu sehen.

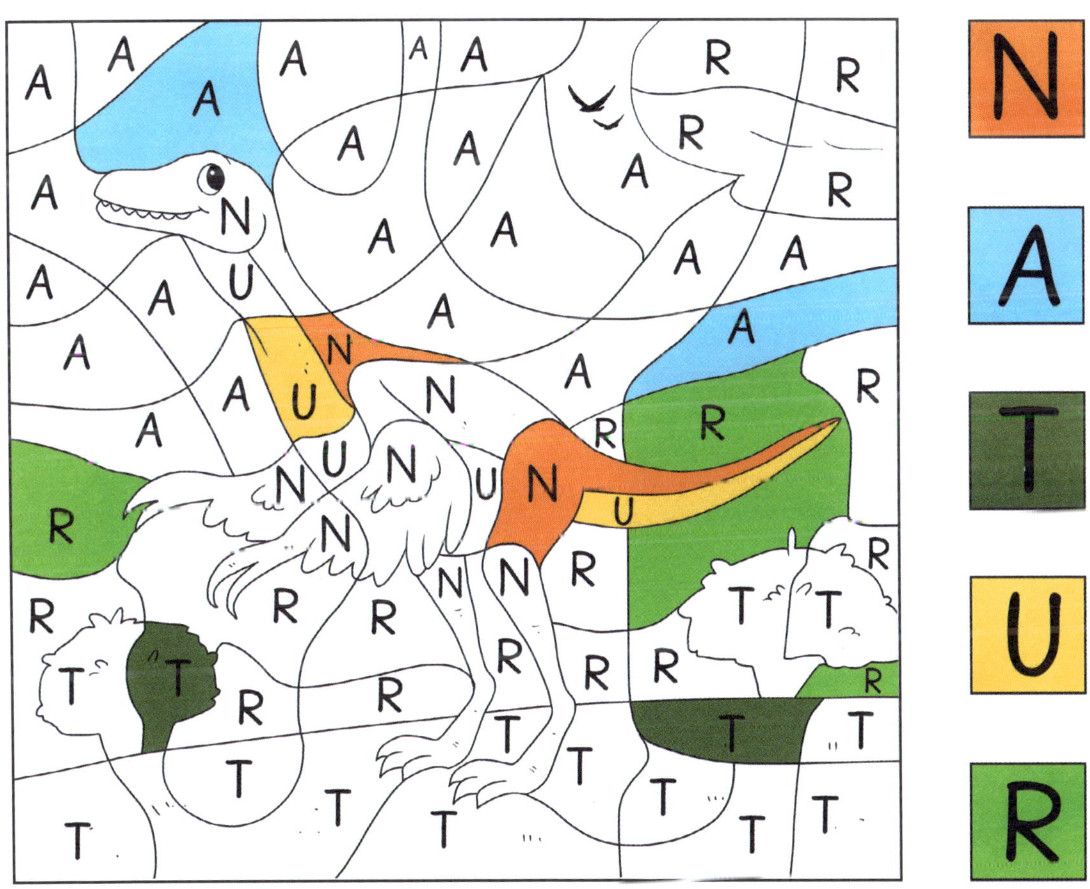

Sport und Spiel

Was nimmt Ben am liebsten mit nach draußen?
Male die Felder in den richtigen Farben aus.

Was gehört zusammen? Verbinde.

Zeit, Fußball zu spielen! Verbinde die Puzzleteile mit der richtigen Stelle.

Finde den Weg durch das Labyrinth.

Kommt ein Vogel geflogen

Zeichne die Flugbahnen der Vögel nach.

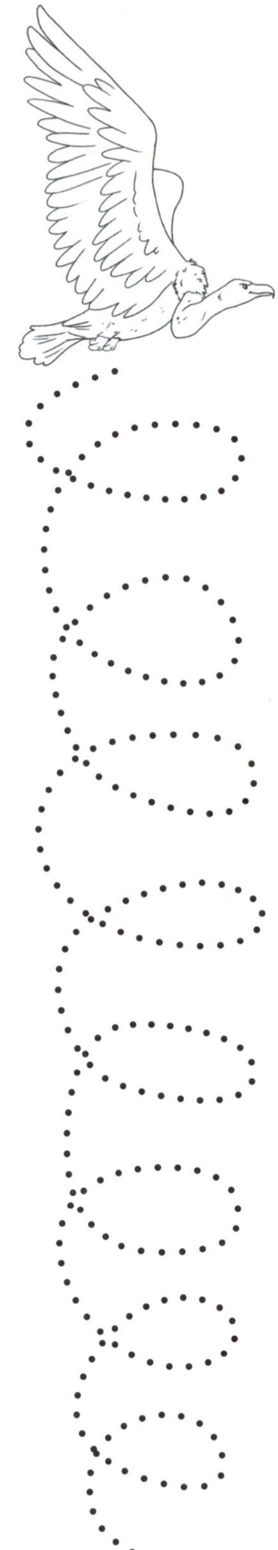

Male die Felder in den richtigen Farben aus, dann werden die Vögel schön bunt.

Finde die Vogelpaare, und verbinde sie miteinander.

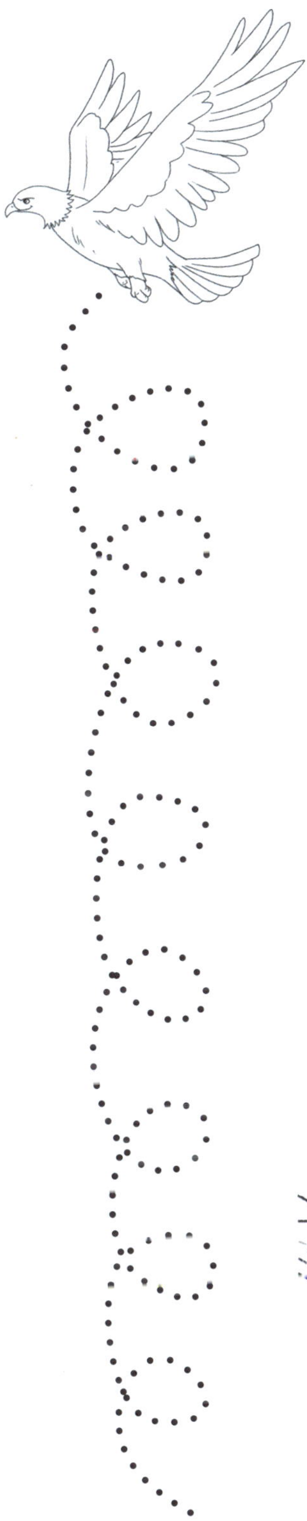

Diesem Vogel fehlt noch etwas.
Verbinde die Zahlen von 1 bis 20.

1 — 2 — 3 — 4 — 5 — 6 — 7 — 8 — 9 — 10 —
11 — 12 — 13 — 14 — 15 — 16 — 17 — 18 — 19 — 20

Da haben wir den Salat

Diese Buchstaben wurden aus Gemüse gelegt.
Verbinde die Paare miteinander.

Entdeckst du das Obst in diesem Durcheinander?
Male es in den richtigen Farben aus.

Aus welcher Zutat kann man diese Suppen kochen? Verbinde.

Was macht der Wurm denn da?
Male alle Felder in den richtigen Farben aus.

Zauberer Theobald

Zauberer Theobald bereitet sich auf seine Zaubervorstellung vor.
Zuerst sortiert er alles, was er braucht.
Verbinde die Paare miteinander.

Zeichne das Muster auf den Hüten nach.

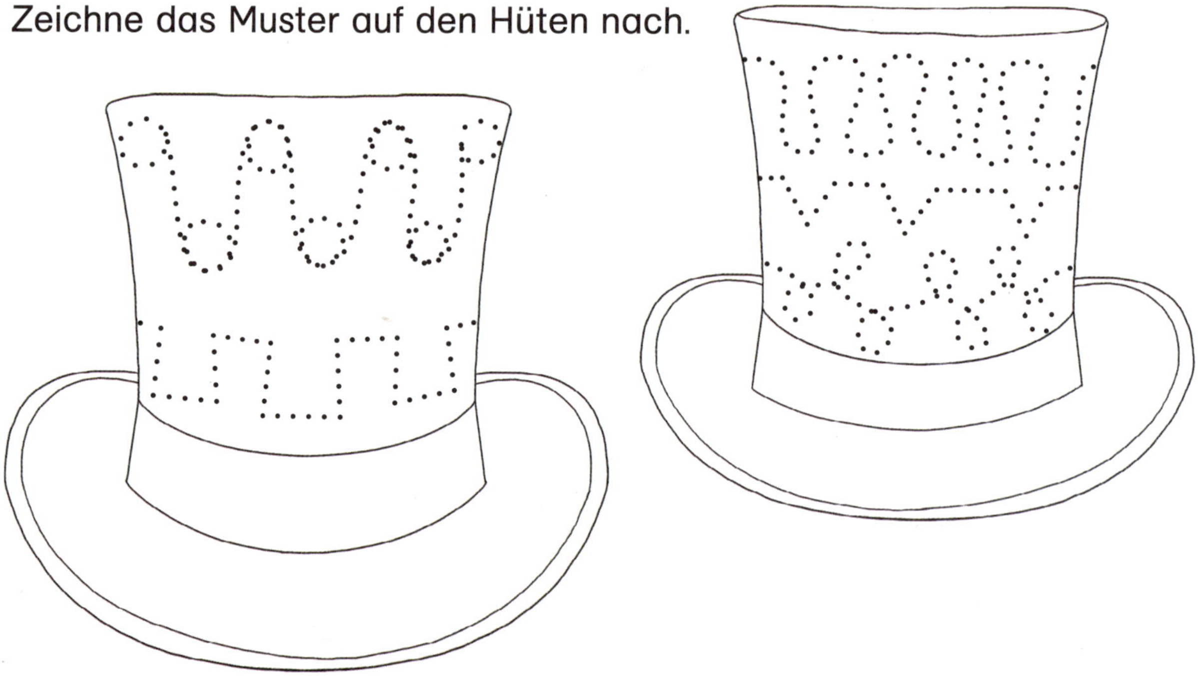

Theobald ist auf dem Weg zu seinem Auftritt.
Findest du alles im Bild wieder? Kreise ein.

Ein paar Dinge hat er verzaubert. Verbinde.

Hoch hinaus

Was kann man hier am Himmel entdecken?
Male die Felder in den richtigen Farben aus.

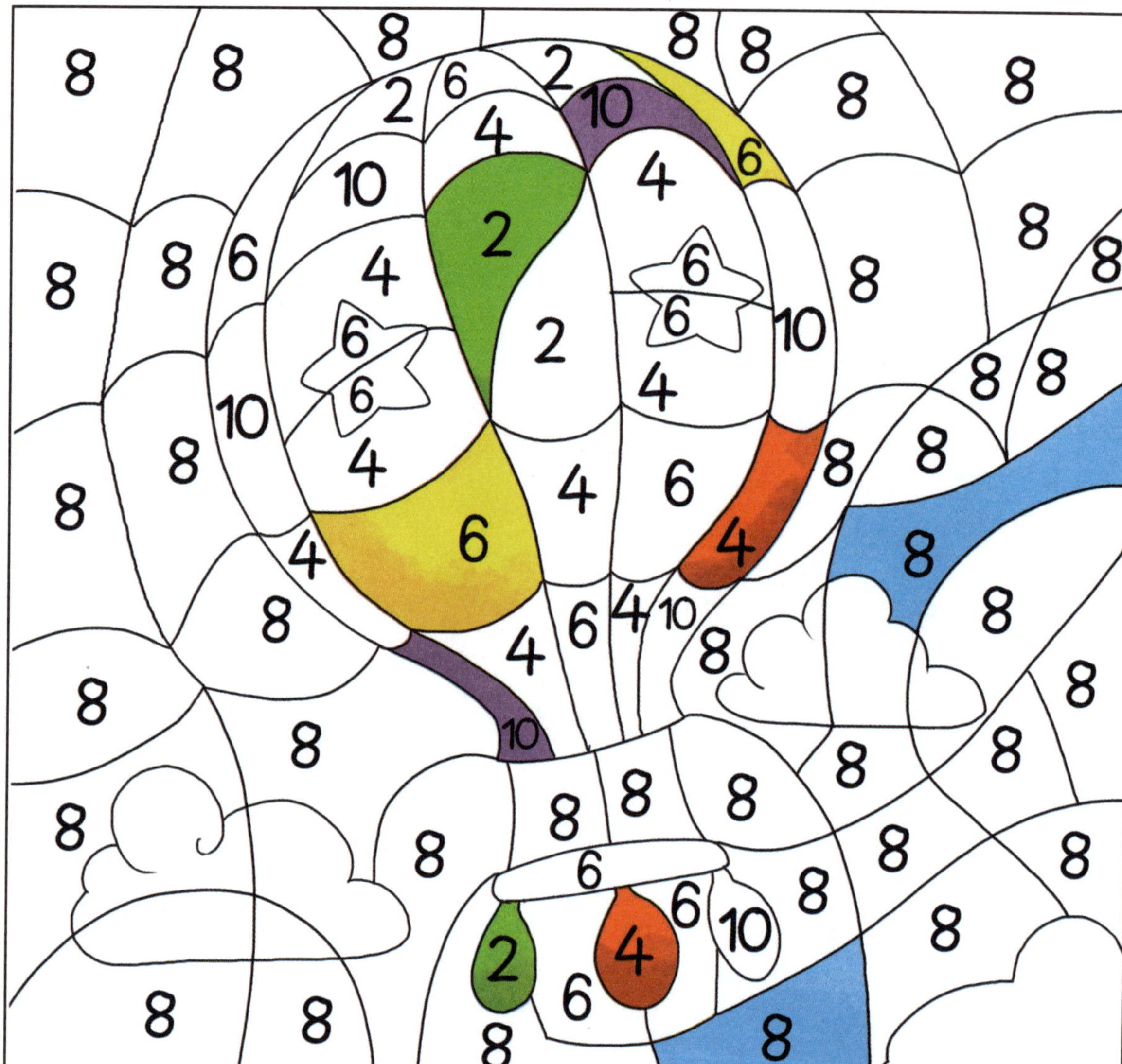

2 4 6 8 10

Verbinde alle Puzzleteile mit der richtigen Stelle.

Was fliegt hier über den Wald? Verbinde die Zahlen von 1 bis 20.

1 — 2 — 3 — 4 — 5 — 6 — 7 — 8 — 9 — 10 — 11 — 12 — 13 — 14 — 15 — 16 — 17 — 18 — 19 — 20

Piraten-Abenteuer

Welche Piraten sind gleich? Verbinde.

Die Piraten haben einen Schatz gefunden!
Male dazu, was im unteren Bild fehlt.

Zeichne die Wellen weiter.

Male das Mandala in den richtigen Farben aus.

Auf der Baustelle

Auf der Baustelle gibt es viel zu sehen.
Findest du alles im Bild wieder? Kreise ein.

Ob auf der Baustelle wohl ein großes
oder ein kleines Haus gebaut wird?
Verbinde immer die kleinen mit den passenden großen Dingen.

Auch die Maus will etwas bauen.
Findest du den Weg durchs Labyrinth?

Heute wird gemalt

Alina und Tim malen mit Straßenmalkreiden. Fahren die Linien nach.

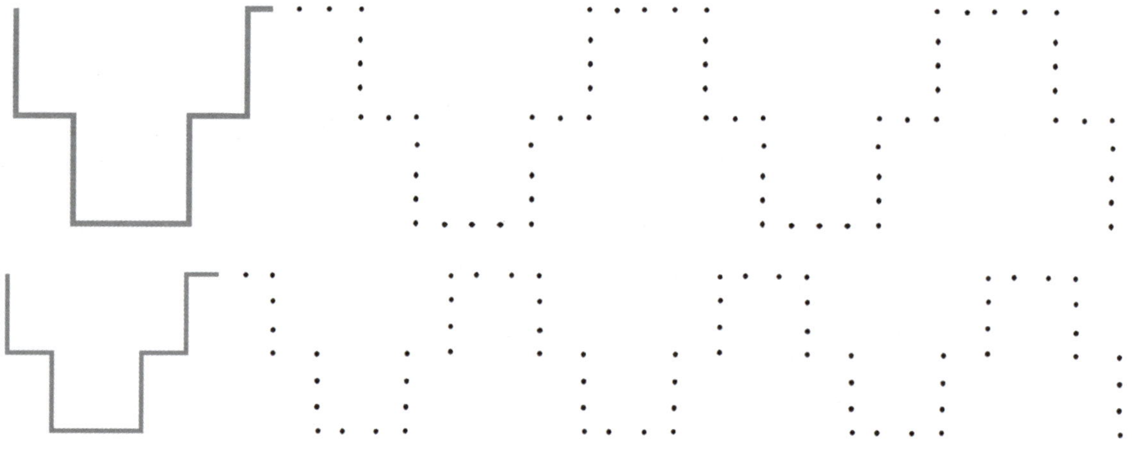

Tims Bild ist noch nicht ganz fertig.
Hilf ihm, und verbinde die Zahlen von 1 bis 20.

1 — 2 — 3 — 4 — 5 — 6 — 7 — 8 —
9 — 10 — 11 — 12 — 13 — 14 — 15 —
16 — 17 — 18 — 19 — 20

Kannst du alle Puzzleteile mit der richtigen Stelle verbinden?

Essen ist fertig!

In der Küche gibt es allerlei Sachen. Findest du alles im Bild wieder? Kreise ein.

Messer, Gabel, Löffel: Was brauchst du für welches Essen? Verbinde.

Zeit zu kochen! Male die Felder in den richtigen Farben aus.

G U R K E

Jetzt ist das Essen fertig. Verbinde die Puzzleteile mit der richtigen Stelle.

Die große Zaubershow

Die Hasen des großen Zauberers sind schon bereit.
Verbinde die Paare miteinander.

Was zaubert der Zauberer denn jetzt?
Verbinde die Zahlen von 1 bis 20.

1 — 2 — 3 — 4 — 5 — 6 — 7 — 8 — 9 — 10 —
11 — 12 — 13 — 14 — 15 — 16 — 17 — 18 — 19 — 20

Huch!
Der Zauberer hat seinen Hut weggezaubert.
Finde den Weg durch das Labyrinth.

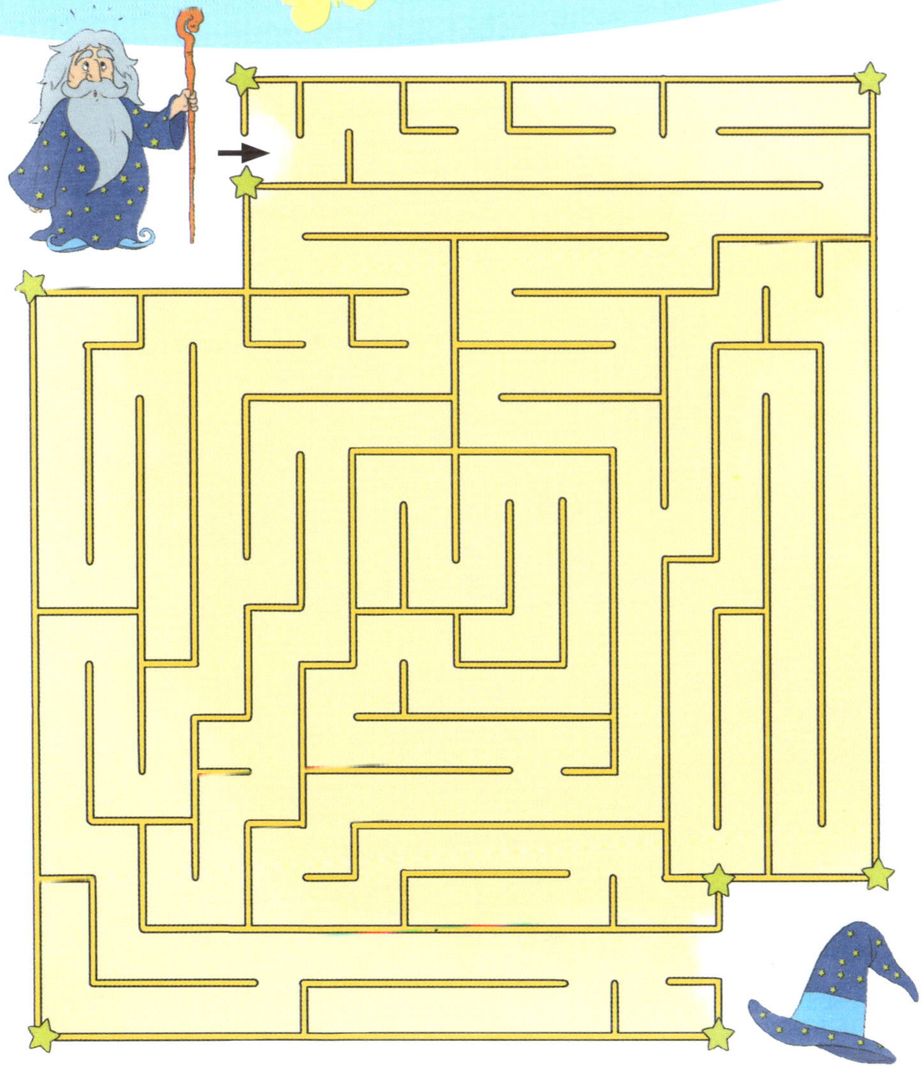

Wie kommt der Zauberer nach Hause?
Male die Felder in den richtigen Farben aus.

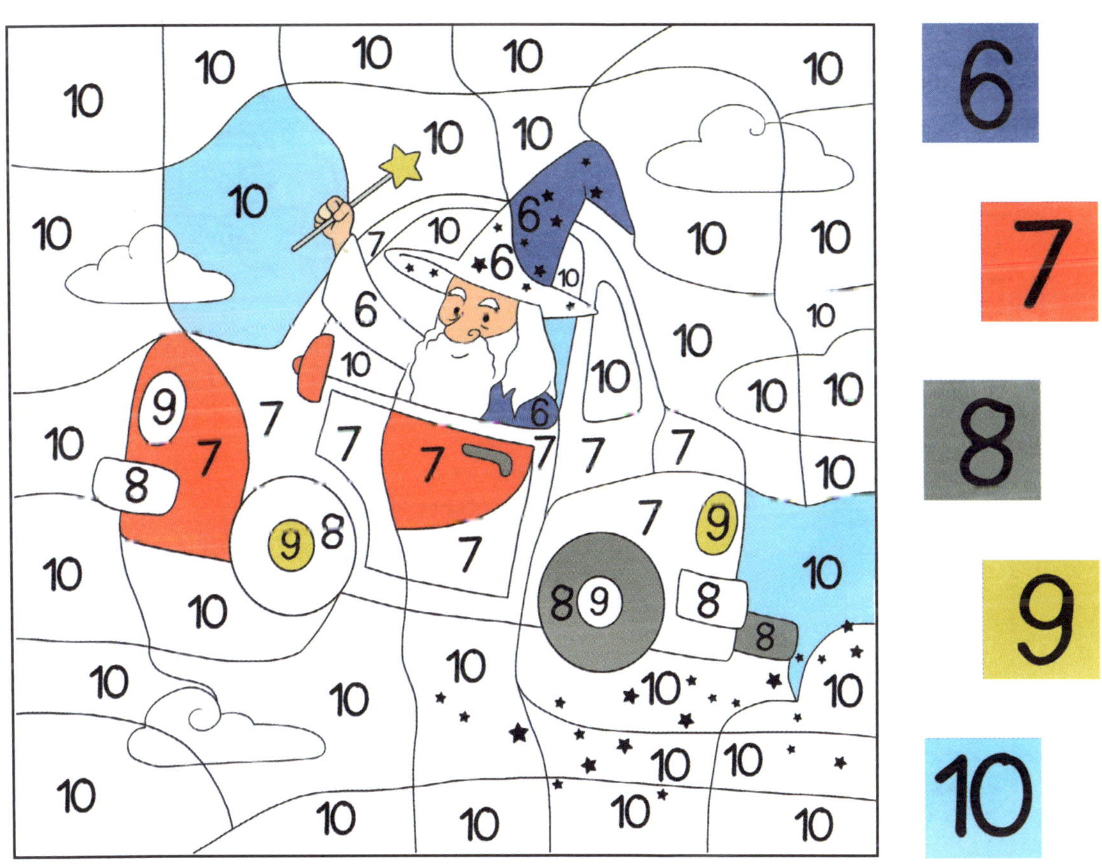

Mein erster Schultag

Immer zwei Kinder haben den gleichen Schulranzen.
Welche sind genau gleich? Verbinde.

Heute lernen die Schüler das ABC.
Male dazu, was im unteren Bild fehlt.

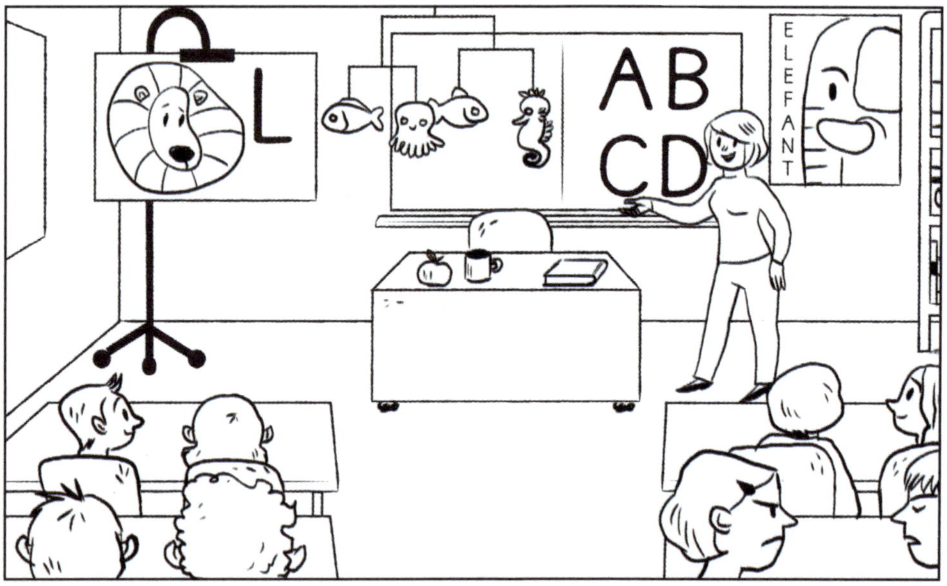

Wo ist die andere Hälfte der Tafel? Finde den Weg durch das Labyrinth.

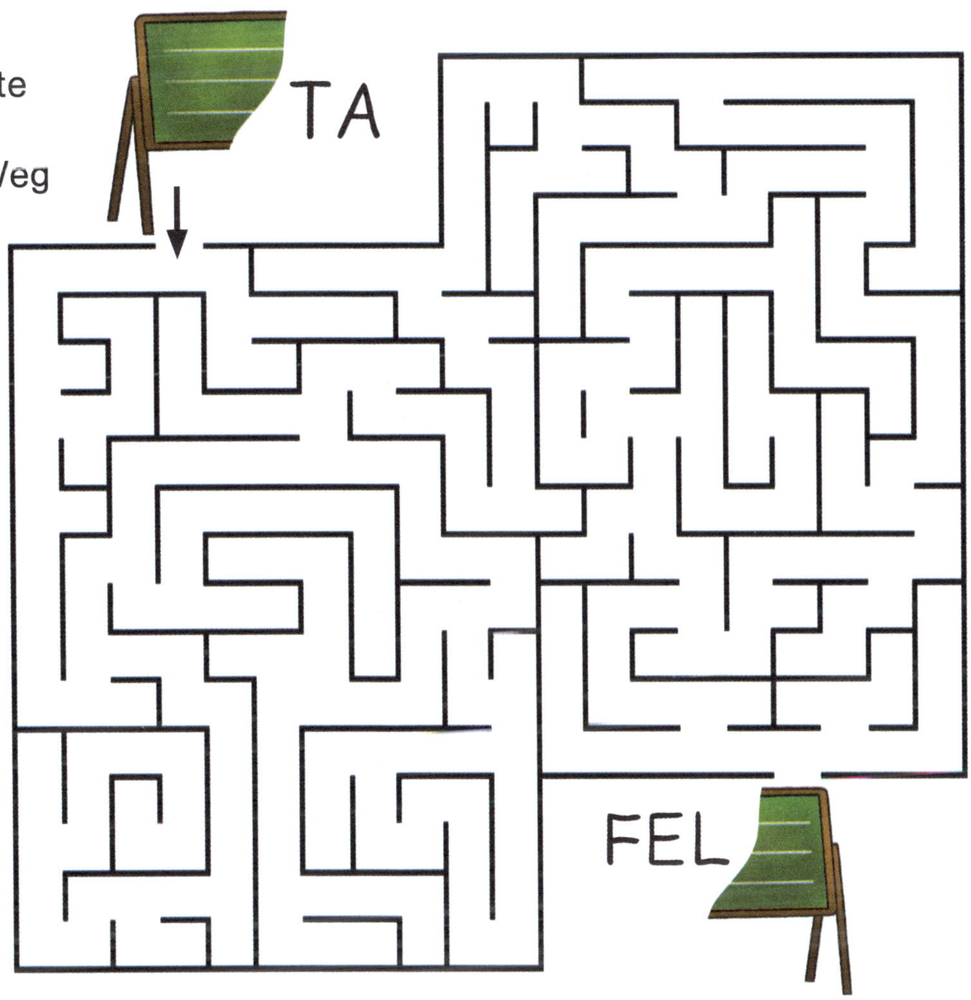

Verbinde die Puzzleteile mit der richtigen Stelle.

Tiere überall

Selbst ein paar Zahlen haben sich als Tiere verkleidet.
Finde die Paare, und verbinde sie miteinander.

In Emmas Garten hat eine Amsel ihr Nest gebaut.
Finde die Buchstaben, und male sie in den richtigen Farben aus.

NEST

Welches Tier sitzt hier im Gebüsch? Verbinde die Buchstaben von A bis Z.

A—B—C—D—E—F—G—H—I—J—K—L—M—N—O—P—Q—R—S—T—U—V—W—X—Y—Z

Wie viele Tiere siehst du hier? Verbinde.

6

8

4

3

Dreieck, Viereck und Kreis

Wo ist die andere Hälfte dieser Formen? Verbinde.

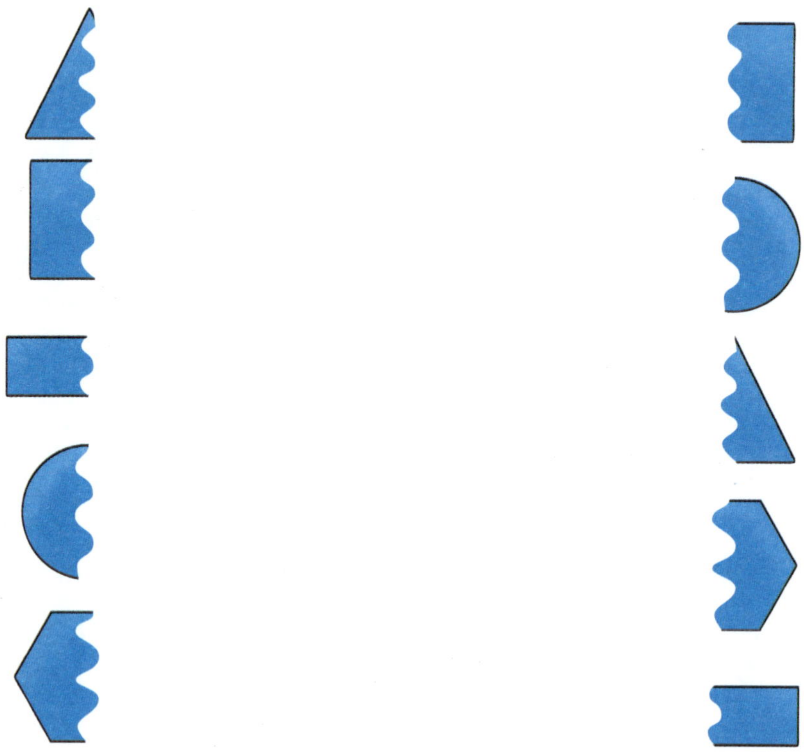

Male das Mandala in den richtigen Farben aus.

Findest du die Formen wieder? Male sie in den richtigen Farben aus.

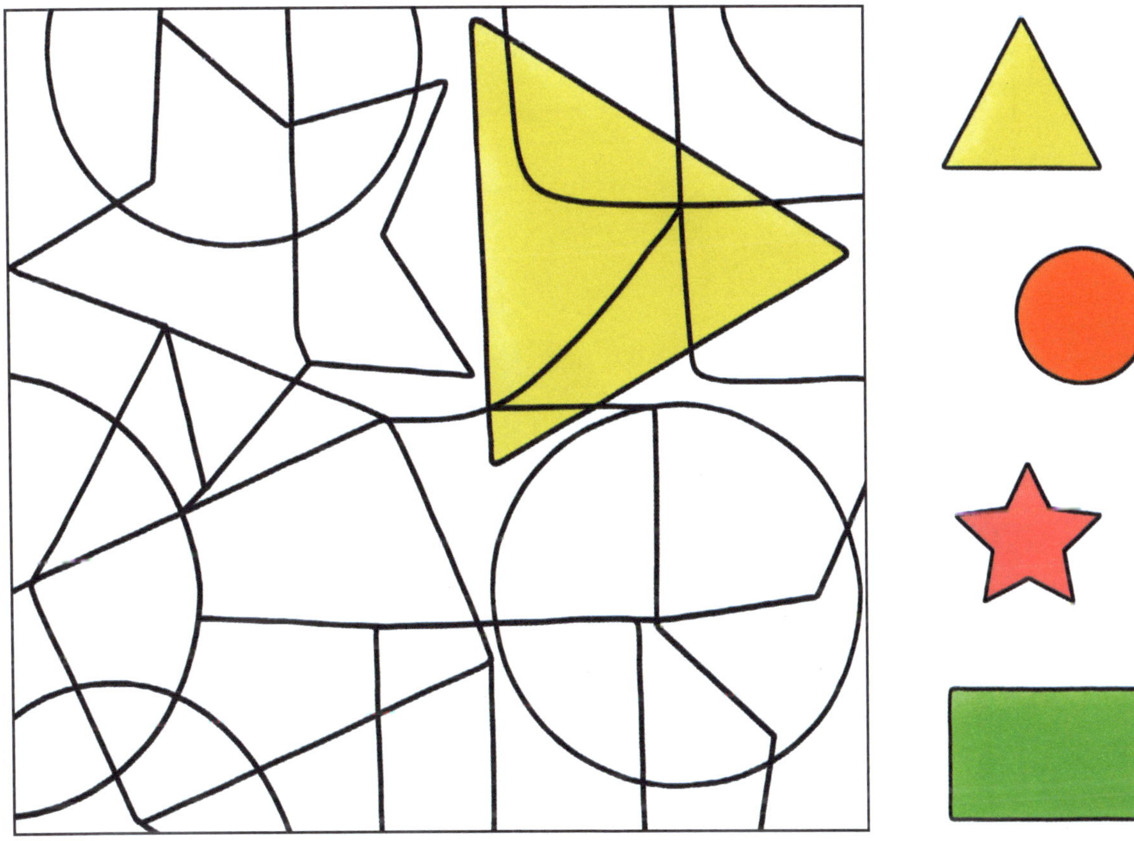

Der Buchstabe O sieht aus wie ein Kreis.
Welche Buchstaben haben die gleiche Form? Verbinde.

Die Dinobabys

Hier schlüpft gerade ein kleiner Dino. Findest du alles im Bild wieder? Kreise ein.

Die Dino-Kinder haben sich versteckt.
Finde sie, und male sie in den richtigen Farben aus.

Aus welchem Ei ist dieses Dino-Junge ausgeschlüpft?
Folge dem Weg durch das Labyrinth.

Welche Bilder sind gleich? Verbinde.

Los geht's im Galopp

Soll das Pferd in den Stall oder in den Anhänger?
Folge dem Weg durch das Labyrinth, und finde es heraus.

Nicht alles hier sind Pferde, aber immer zwei Tiere sind gleich.
Verbinde sie miteinander.

Um auf einem Pferd zu reiten, brauchst du einen Sattel.
Was gehört zusammen? Verbinde.

Meine Ritterburg

Ein Ritter lebt auf einer Burg.
Finde die Buchstaben, und male sie in den richtigen Farben aus.

BURG

Findest du alles im Bild wieder? Kreise ein.

Wie diese Burg wohl aussieht?
Male die Felder in den richtigen Farben aus.

Der kleine Ritter lässt von den Burgzinnen gerne seinen Drachen fliegen. Zeichne die Linien nach.

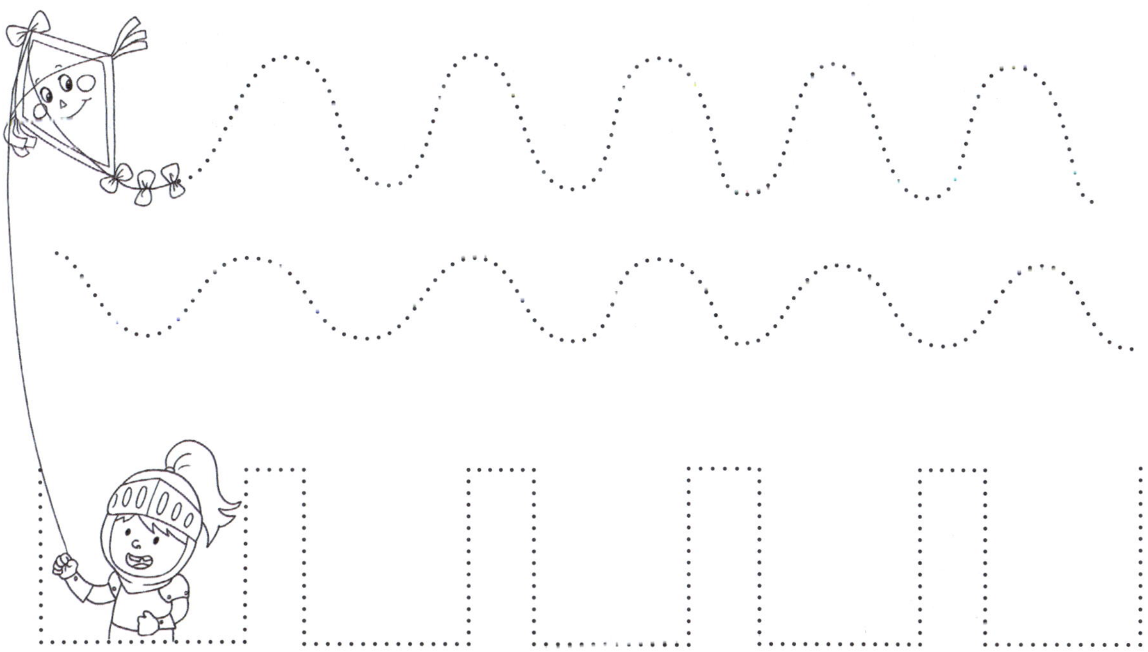

Heute ist Ausflugstag

Wohin die Reise wohl geht? Finde den Weg durch das Labyrinth.

Die Kinder besichtigen eine Höhle.
Findest du die fünf Fehler im rechten Bild? Male dazu, was fehlt.

Womit fährt die Schulklasse heute weg?
Male die Felder in den richtigen Farben aus.

Hexentanz

Ene mene kleiner Hund,
alle Buchstaben sind bunt!
Finde die Buchstaben, und
male sie in den richtigen
Farben aus.

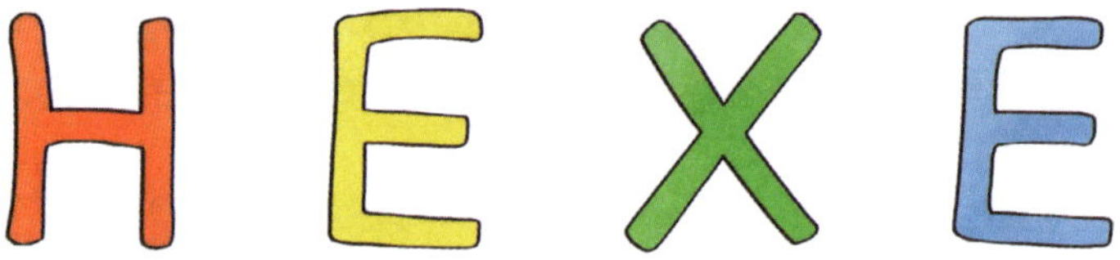

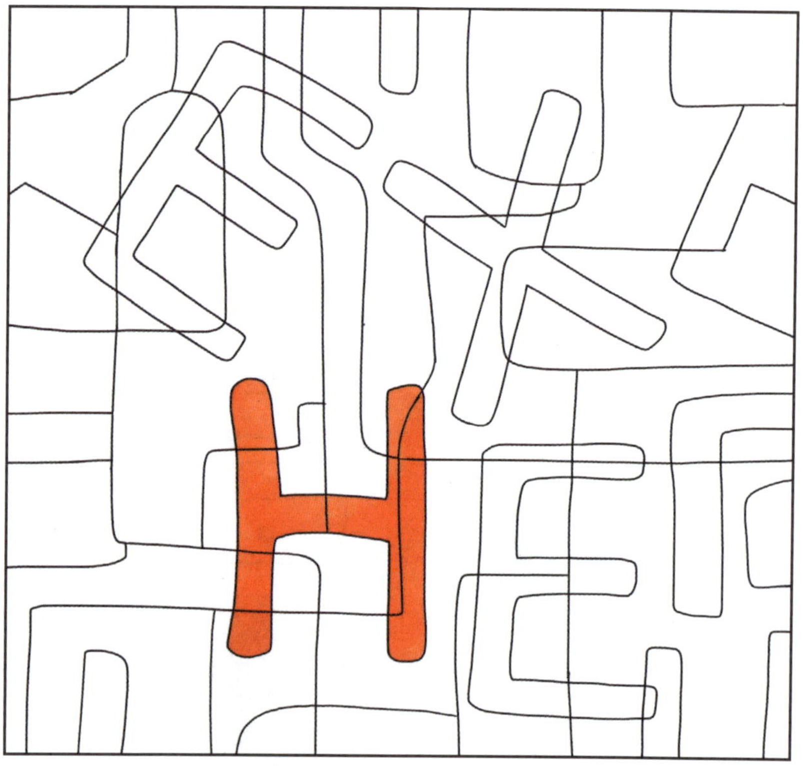

Wer fliegt denn hier
durch die Nacht?
Male alle Felder
in den richtigen
Farben aus.

Die Hexe möchte tanzen, aber die Musik fehlt. Was hext sie deshalb?
Verbinde die Buchstaben von A bis Z.

A—B—C—D—E—F—
G—H—I—J—K—L—
M—N—O—P—Q—
R—S—T—U—V—
W—X—Y—Z

Finde die Hexenpaare, und verbinde sie miteinander.

So ein Affentheater

So ein Affentheater! Verbinde die Puzzleteile mit der richtigen Stelle.

Welches Tier versteckt sich hier? Verbinde die Zahlen von 1 bis 20.

1 — 2 — 3 — 4 —
5 — 6 — 7 — 8 —
9 — 10 — 11 — 12 —
13 — 14 — 15 —
16 — 17 — 18 —
19 — 20

Male das Mandala in den richtigen Farben aus.

Finde die Affenpaare, und verbinde sie miteinander.

Komm in Neles Garten

In Neles Garten wächst eine Rose. Findest du den Weg durchs Labyrinth?

Was braucht Nele im Garten oft? Verbinde die Zahlen von 1 bis 20.

1 — 2 — 3 — 4 — 5 — 6 — 7 — 8 — 9 — 10 —
11 — 12 — 13 — 14 — 15 — 16 — 17 — 18 — 19 — 20

Heute spielt Nele mit ihrem Bruder im Garten.
Findest du alle Spielsachen im Bild? Kreise sie ein.

Wie viele Blumen wachsen im Blumenbeet?
Finde die Zahlen, und male sie in den richtigen Farben aus.

Manege frei!

Ein Zirkus ist in der Stadt! Male die Felder in den richtigen Farben aus, dann kannst du das bunte Zelt sehen.

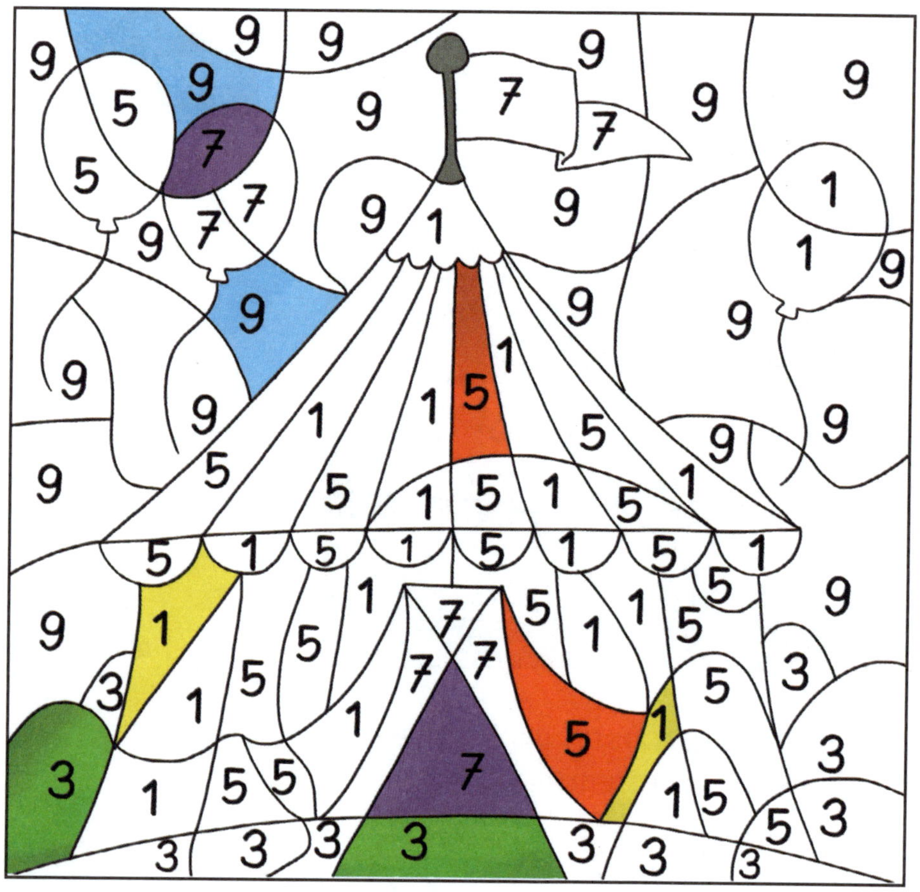

1

3

5

7

9

Ein Känguru hüpft durch die Manege. Zeichne seine Sprünge nach.

Der Jongleur muss noch ein bisschen üben. Hilf ihm, und finde den Weg durch das Labyrinth.

Wer ist wohl als Nächstes dran? Male die Felder in den richtigen Farben aus.

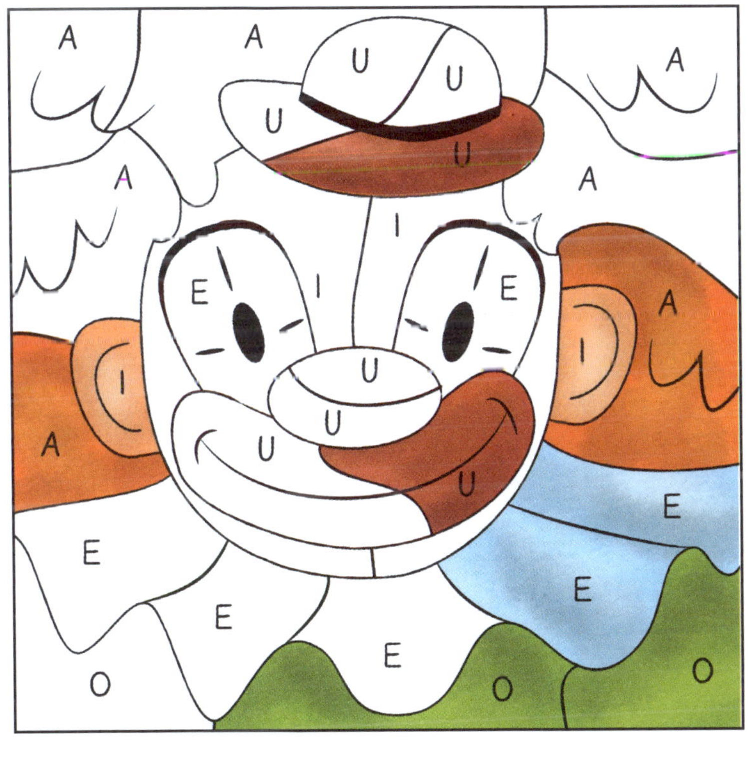

Bärenstark

Wie viele Tierkinder siehst du hier? Verbinde.

 3

 4

 2

 5

 6

Wer hat es sich hier auf dem Stein gemütlich gemacht?
Verbinde die Zahlen von 1 bis 20.

1 — 2 — 3 — 4 — 5 — 6 — 7 — 8 — 9 — 10 —
11 — 12 — 13 — 14 — 15 — 16 — 17 — 18 — 19 — 20

Hoch im Norden leben die Eisbären.
Verbinde die Puzzleteile mit der richtigen Stelle.

Kragenbär, Braunbär, Brillenbär, Pandabär. Nur der Koala ist kein echter Bär. Verbinde die Paare miteinander.

Maler Maurizio

Maler Maurizio malt am liebsten Muster aus bunten Formen.
Hier hat er ein eckiges Muster gemalt. Zeichne es nach.

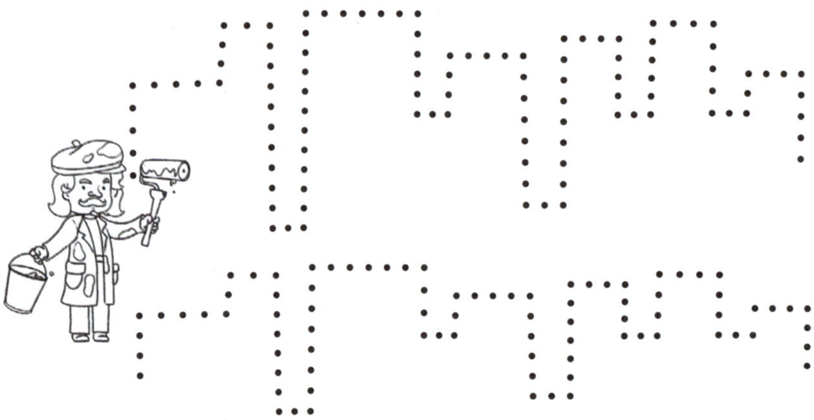

Dem Mandala fehlt noch die Farbe.
Male es in den richtigen
Farben aus.

Entdeckst du die Formen in diesem Durcheinander?
Hilf Maurizio, und male sie in den richtigen Farben aus.

Was hat die gleiche Form? Verbinde.

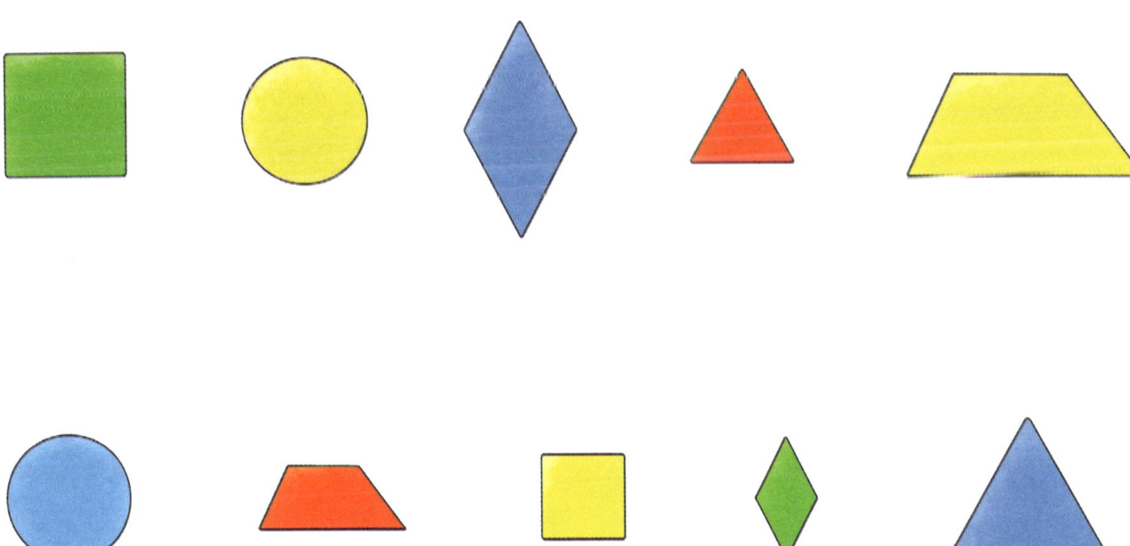

Auf Schatzsuche

Die Schatzkarte zeigt, wo sich der Schatz befindet. Zeichne den Weg vom Meer zum Schatz nach.

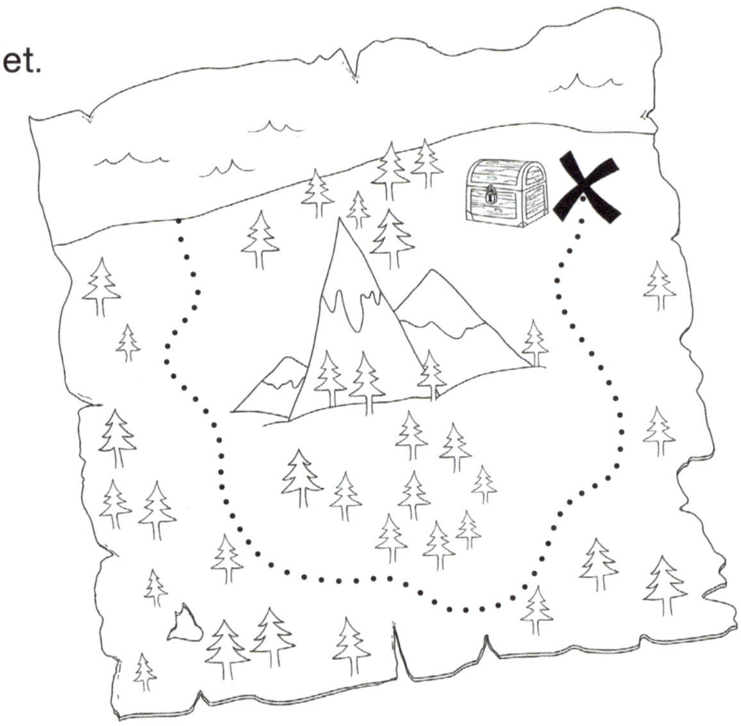

Wie der Schatz wohl aussieht? Male die Felder in den richtigen Farben aus.

K I S T E

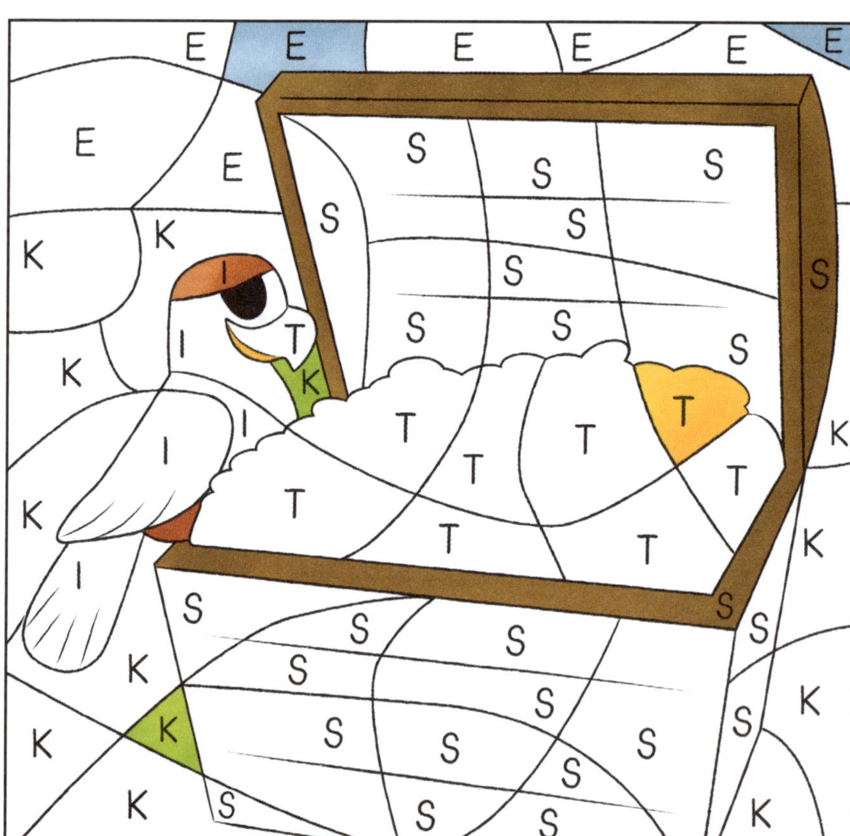

Dieser Seefahrer hat auch einen Schatz gefunden.
Aber fünf Dinge fehlen. Male sie im unteren Bild dazu.

Welche Schatztruhen sind genau gleich? Verbinde.

Mein Lieblingsspielzeug

Wie viele Augen zeigt der Würfel? Verbinde.

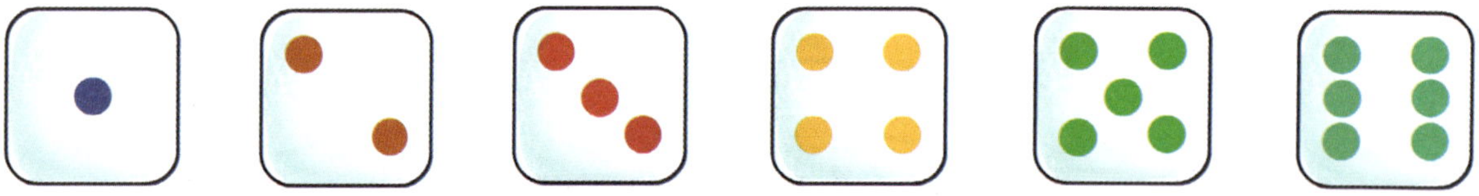

4 5 1 6 3 2

Mein Lieblingsspielzeug hat zwei Räder!
Verbinde die Zahlen von 1 bis 20, um es zu sehen.

1 — 2 — 3 — 4 — 5 — 6 — 7 — 8 — 9 — 10 — 11 — 12 — 13 — 14 — 15 — 16 — 17 — 18 — 19 — 20

Wohin fährt der Spielzeuglaster die Bauklötze? Finde den Weg durch das Labyrinth.

Das Spielzeugauto fährt Kurven. Zeichne nach.

Auf dem Jahrmarkt

Auf dem Jahrmarkt gibt es einen kunterbunten Losstand.
Findest du alles im Bild wieder? Kreise ein.

Auf den Losen stehen verschiedene Zahlen.
Findest du sie wieder? Male sie in den richtigen Farben aus.

5

7

8

9

Boxautofahren macht so viel Spaß! Verbinde die Puzzleteile mit der richtigen Stelle.

Was gibt es noch auf dem Jahrmarkt? Male alle Felder in den richtigen Farben aus.

M A R K T

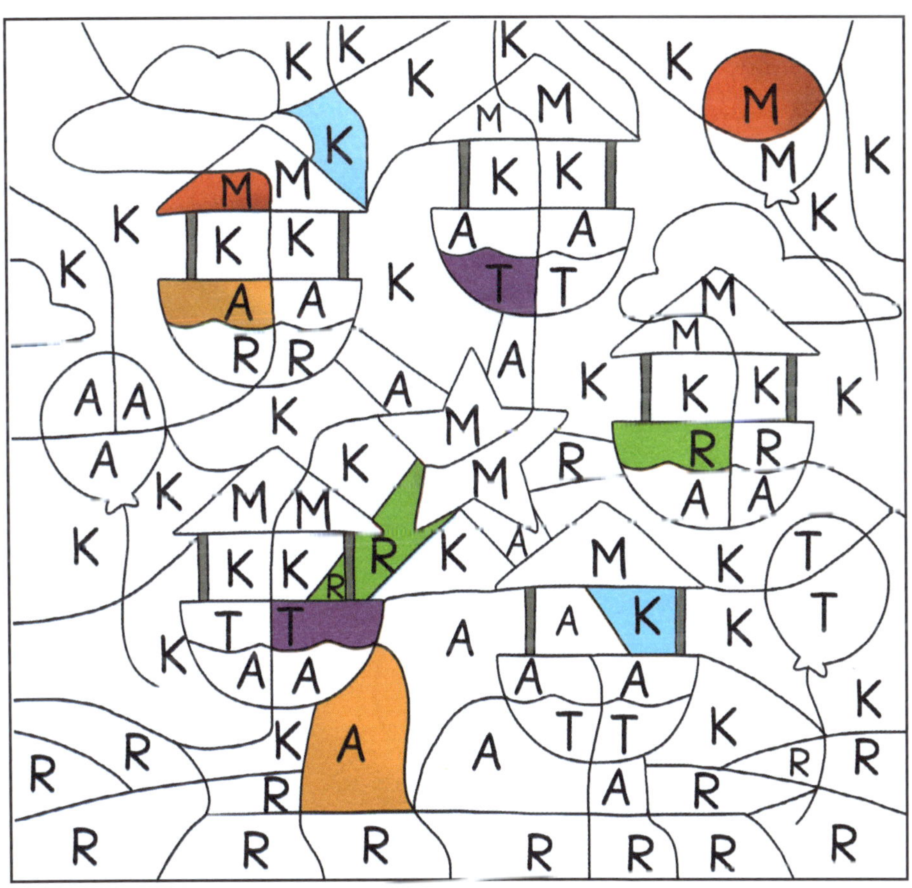

Auf vier Rädern

Auf der Straße ist viel los.
Verbinde die Puzzleteile
mit der richtigen Stelle.

Hat sich hier auch ein Auto versteckt?
Male die Felder in den richtigen Farben aus.

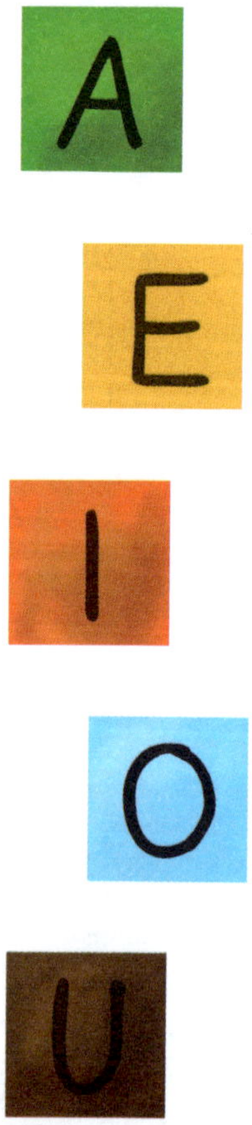

Schafft es das Auto die steilen Berge zu fahren?
Zeichne die Spuren nach.

Die schönsten Autos sollen zur Siegerehrung gebracht werden.
Finde den Weg durch das Labyrinth.

Die Delfinshow

Viele Zuschauer sind zur Delfinshow gekommen.
Aber im unteren Bild fehlen noch fünf Dinge. Male sie dazu.

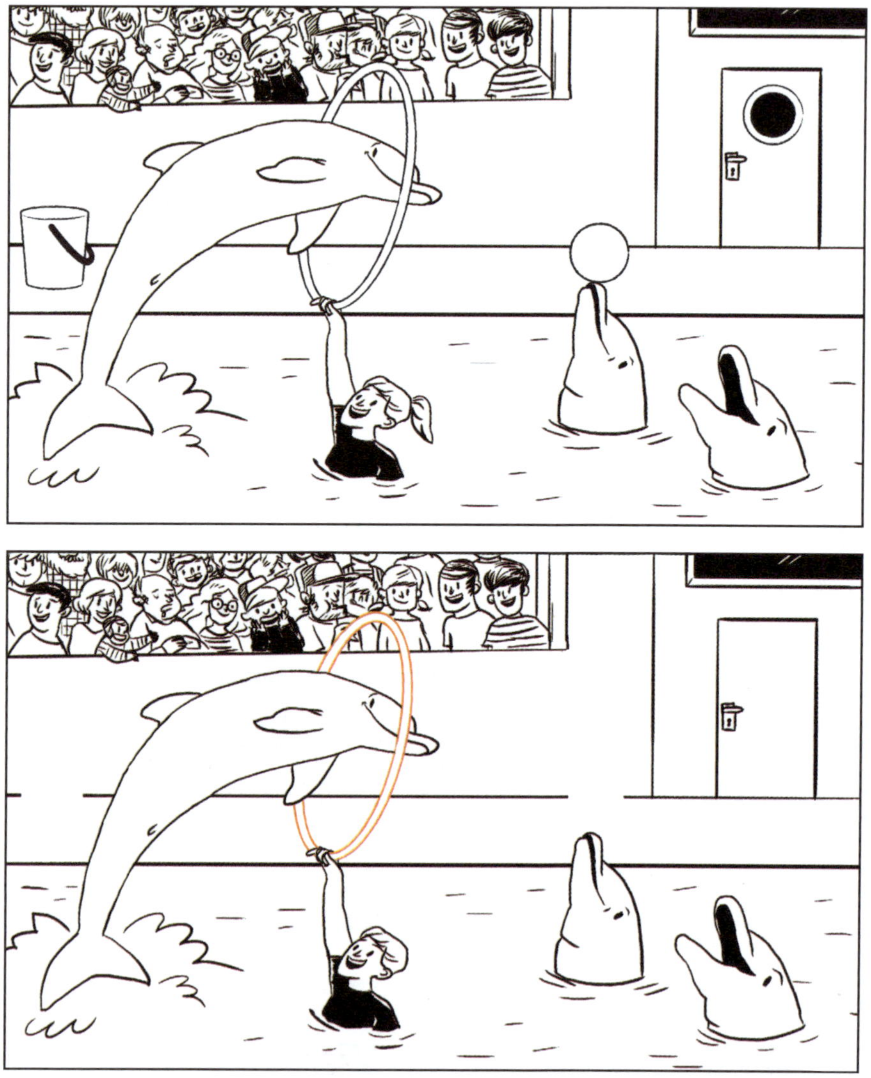

Zeichne die Sprünge des Delfins nach.

Neben dem Delfinbecken gibt es auch Seehunde. Male das Mandala in den richtigen Farben aus.

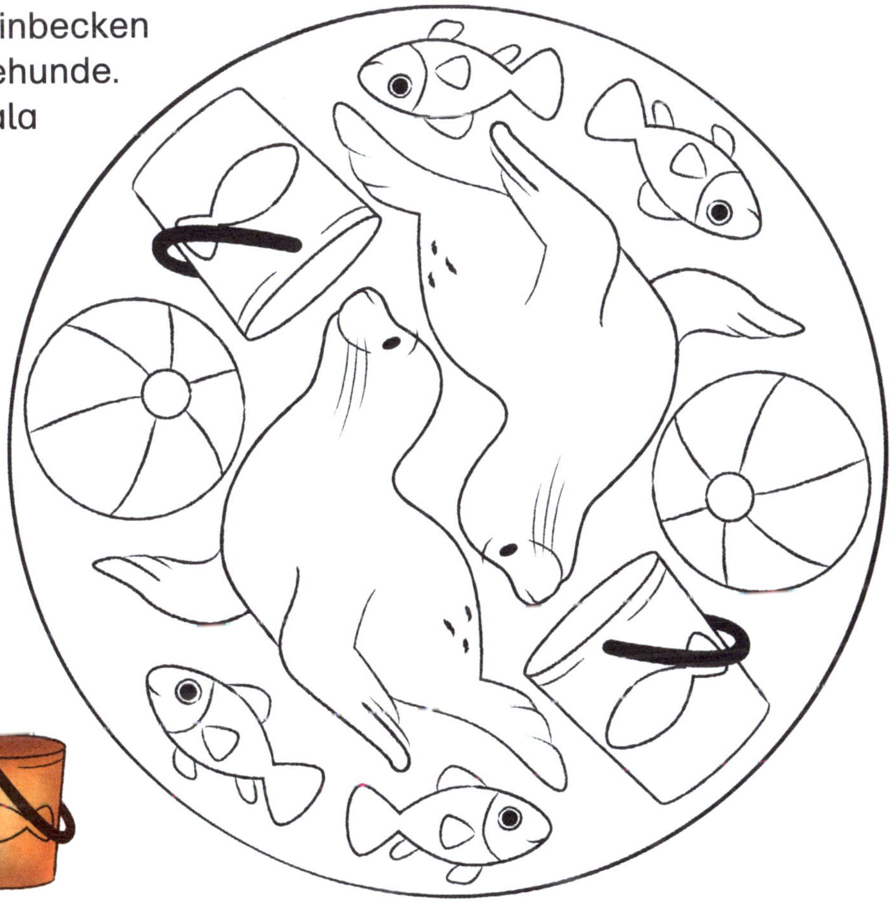

Verbinde die Puzzleteile mit der richtigen Stelle.

Wind und Wetter

Verbinde die Buchstabenpaare miteinander.

Draußen regnet es. Male die Felder in den richtigen Farben aus.

W O L K E

Der Wind hat Hausnummern weggeweht. Findest du sie wieder?
Male sie in den richtigen Farben aus.

1
4
7
6
8

Verbinde die Zahlen von 1 bis 20, um zu sehen,
mit was man nachts den Himmel betrachten kann.

1 — 2 — 3 — 4 — 5 —
6 — 7 — 8 — 9 — 10 —
11 — 12 — 13 — 14 — 15 —
16 — 17 — 18 — 19 — 20

Ab in die Ferien

Am Flughafen ist viel los!
Verbinde alle Puzzleteile mit der richtigen Stelle.

Manche fahren in den Ferien ans Meer. Male das Mandala in den richtigen Farben aus.

Wohin fliegt dieses Flugzeug? Finde den Weg durchs Labyrinth.

Ein Besuch im Zoo

Der Tierpfleger füttert gerade das Giraffenbaby.
Findest du die fünf Fehler im unteren Bild? Male dazu, was fehlt.

Zeichne die Sprünge des Kängurus nach.

Zähle die Tiere im Zoo, und verbinde sie mit der richtigen Zahl.

 3

 6

 5

 2

 4

Im Aquarium kann man viele bunte Unterwassertiere sehen. Male das Mandala in den richtigen Farben aus.

Die Kostümparty

Lina feiert zu ihrem Geburtstag eine Kostümparty.
In der großen Kiste sucht sie nach verschiedenen Hüten.
Hilf ihr, und male die Hüte in den richtigen Farben aus.

Sofie spielt mit ihrem Spielzeugschwert.
Zeichne die Schwünge nach.

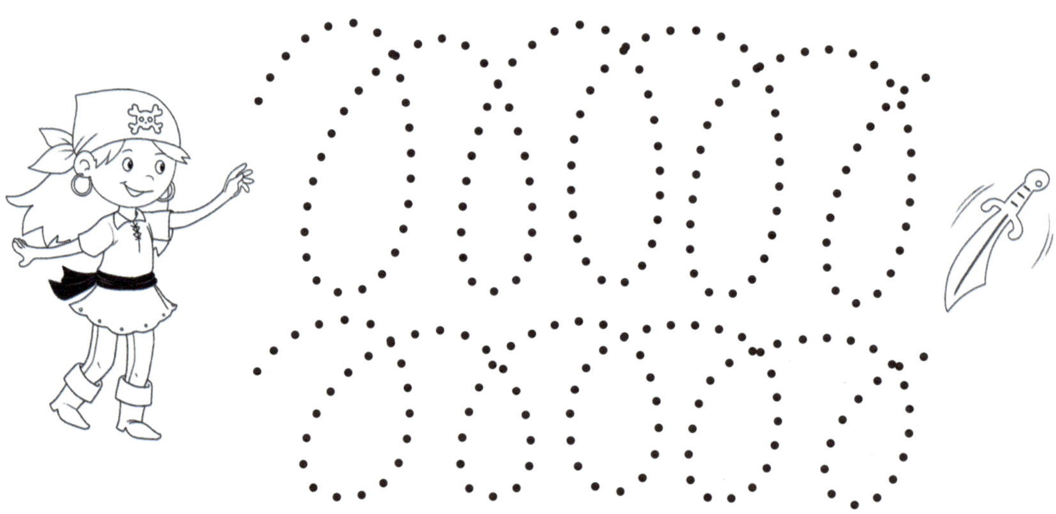

Als was hat sich Niklas verkleidet? Verbinde die Zahlen von 1 bis 20.

1 — 2 — 3 — 4 — 5 — 6 — 7 — 8 — 9 — 10 —
11 — 12 — 13 — 14 — 15 — 16 — 17 — 18 — 19 — 20

Viele Kinder sind mit Superheldinnenkostümen gekommen.
Welche Kostüme sind gleich? Verbinde.

Verwandlungs-Künstler

In welches andere Tier verwandelt sich die Raupe? Male die Felder in den richtigen Farben aus.

R A U P E

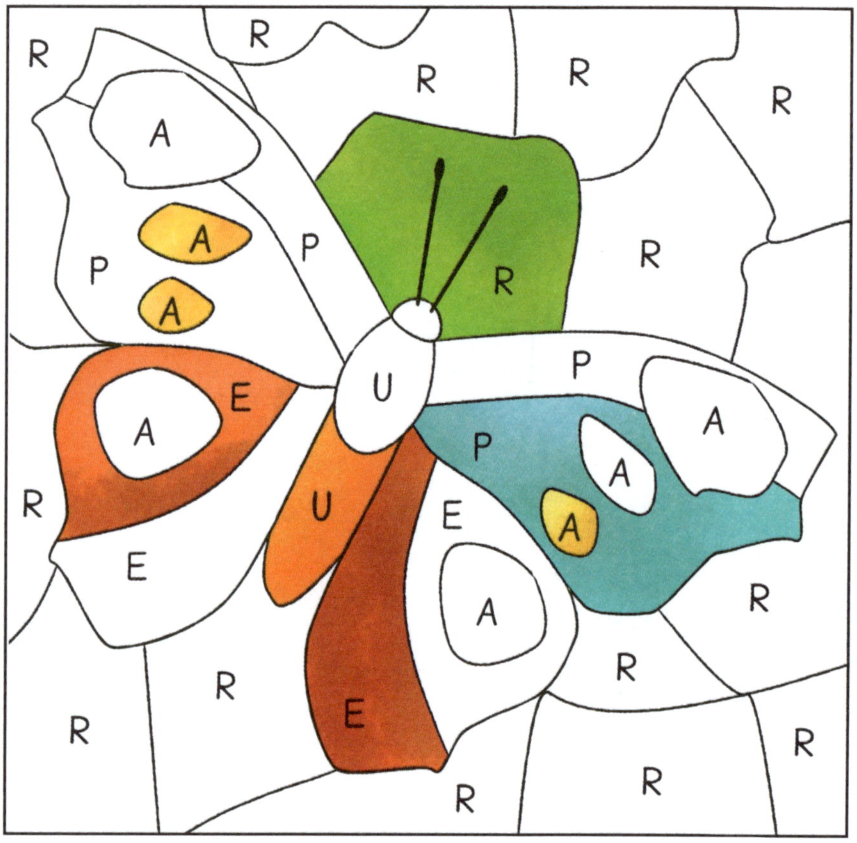

Auch die kleine Kaulquappe verwandelt sich irgendwann in ein anderes Tier. Weißt du, in welches? Verbinde die Zahlen von 1 bis 20.

1 — 2 — 3 — 4 — 5 — 6 — 7 —
8 — 9 — 10 — 11 — 12 — 13 — 14 —
15 — 16 — 17 — 18 — 19 — 20

Dinosaurier gibt es heute nicht mehr. Aber manche Tiere sehen ihnen noch ähnlich. Verbinde sie mit dem passenden Dinosaurier.

Zauberer Balduin will auch etwas verwandeln.
Was zaubert er aus seinem blauen Auto?
Folge dem Weg durch das Labyrinth.

Unterwegs

Was fährt hier über die Brücke?
Verbinde die Zahlen von 1 bis 20, und finde es heraus.

1 — 2 — 3 — 4 — 5 — 6 — 7 — 8 — 9 — 10 — 11 — 12 — 13 — 14 — 15 — 16 — 17 — 18 — 19 — 20

Was gehört zusammen? Verbinde.

Die Polizei ist auf der Straße unterwegs.
Findest du alles im Bild wieder? Kreise ein.

Die Leute warten an der Bushaltestelle.
Verbinde die Puzzleteile mit der richtigen Stelle.

Mitten im Winter

Im Winter sitzt Pino Pinguin am liebsten auf einem Eisklotz und schaut sich den Schnee an. Zeichne die anderen Eisklötze fertig.

Was kann man in der Schneekugel sehen? Male die Felder in den richtigen Farben aus.

K U G E L

Wie viele Dinge sind das zusammen? Verbinde.

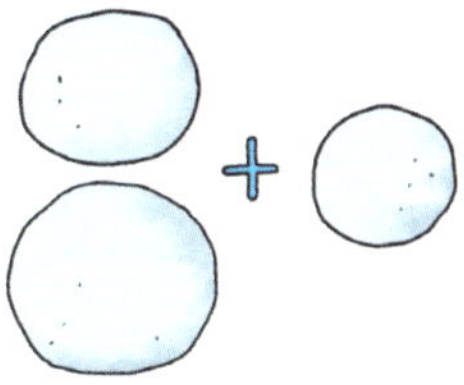

Dem Pinguin fehlt noch etwas.
Verbinde die Zahlen von 1 bis 20.

1 — 2 — 3 — 4 — 5 — 6 — 7 — 8 — 9 — 10 —
11 — 12 — 13 — 14 — 15 — 16 — 17 — 18 — 19 — 20

Schöne Schmuckstücke

Ein schönes Bild aus lauter bunten Steinchen wurde hier gelegt.
Male es in den richtigen Farben aus.

Die Buchstaben haben sich schön geschmückt.
Verbinde die Paare miteinander.

Wie viele Schmuckstücke siehst du hier? Verbinde.

Finde den Weg durch das Labyrinth.

Ein Regentag zuhause

An einem Regentag spielen Mia und Tom „Fernsehstudio“.
Findest du die fünf Fehler im unteren Bild? Male dazu, was noch fehlt.

Toms Lieblingsbuch ist das mit dem lila Drachen.
Verbinde die Paare miteinander.

Wie viele Dinge siehst du hier? Verbinde.

4

2

5

6

3

Mia hat das Puppentheater aufgebaut.
Verbinde die Puzzleteile mit der richtigen Stelle.

Das Piratenschiff

Jedes Piratenschiff braucht auch eine Piratenflagge. Male das Mandala in den richtigen Farben aus.

Immer nur zwei Piratenschiffe sehen genau gleich aus. Verbinde.

Auf dem Schiff gibt es viel zu sehen. Findest du alles im Bild wieder? Kreise ein.

Wie viele Dinge siehst du hier? Verbinde.

Was raschelt denn da?

Abends raschelt etwas im Gebüsch. Es ist ein Igel.
Kannst du die Puzzleteile mit der richtigen Stelle verbinden?

Was raschelt denn da noch? Verbinde die Zahlen von 1 bis 20.

1 — 2 — 3 — 4 — 5 — 6 — 7 — 8 — 9 — 10 — 11 — 12 — 13 — 14 — 15 — 16 — 17 — 18 — 19 — 20

Finde alle Buchstaben, und male sie in den richtigen Farben aus. **I G E L**

Welche Buchstaben sehen genau gleich aus? Verbinde.

Stegosaurus und seine Freunde

Zeichne die Stacheln des Stegosaurus und die seines Freundes nach.

Welche der Flugsaurier sind genau gleich? Verbinde.

Welcher Schatten gehört zu welchem Dinosaurier? Verbinde.

Verbinde die Zahlen von 1 bis 20.

1 — 2 — 3 —
4 — 5 — 6 —
7 — 8 — 9 —
10 — 11 — 12 —
13 — 14 — 15 —
16 — 17 — 18 —
19 — 20

Wir spielen draußen

Elias und Hanna spielen im Hof. Fahre die Linien nach.

Im Wald kann man toll spielen. Verbinde die Puzzleteile mit der richtigen Stelle.

Was kann man im Herbst zum Spielen mit nach draußen nehmen?
Male die Felder in den richtigen Farben aus, dann weißt du es.

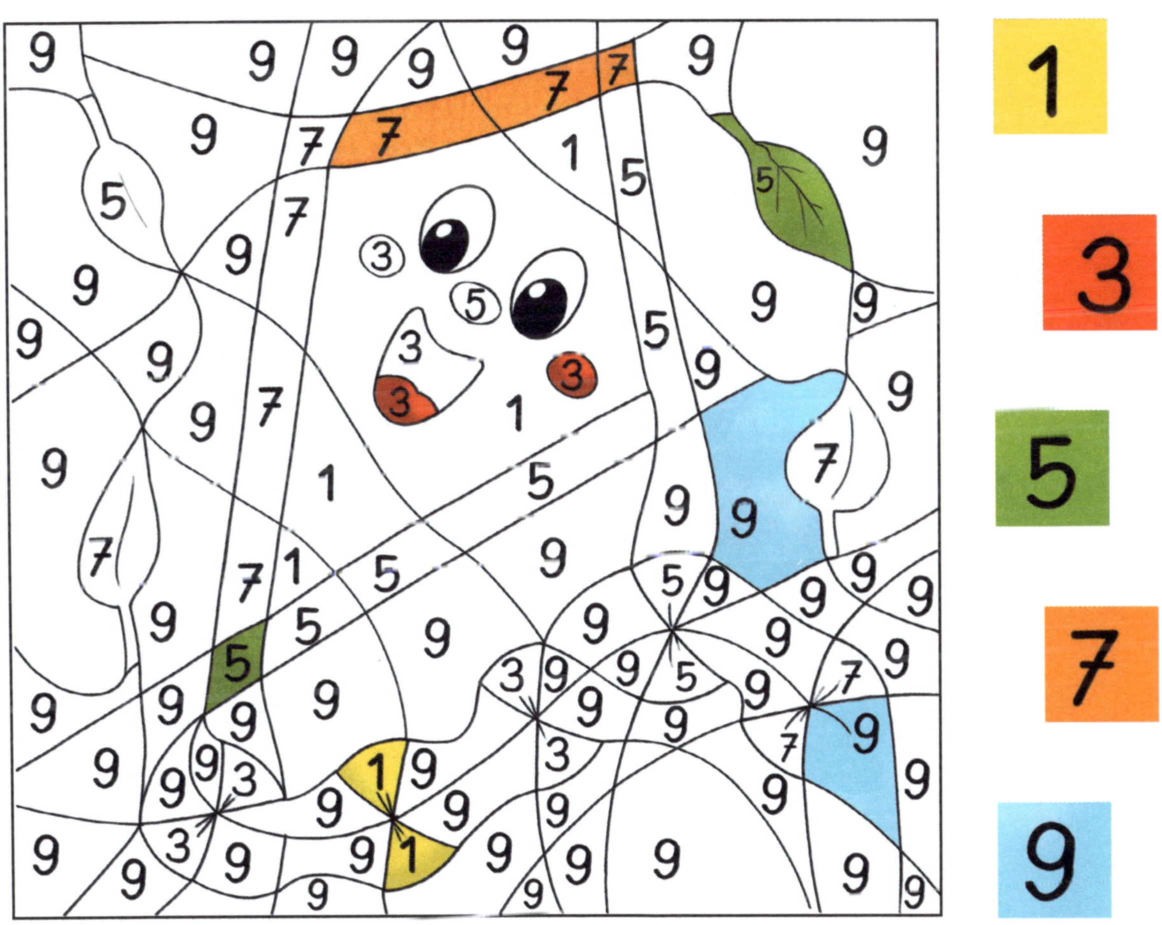

Auf dem Markt

Anna kauft heute mit ihrer Mutter auf dem Markt ein.
Findest du das Obst im Bild wieder? Kreise ein.

Anna zählt die Äpfel, die ihre Mutter gekauft hat.
Finde die Zahlen, und male sie in den richtigen Farben aus.

Verbinde die Puzzleteile mit der richtigen Stelle.

Hexe Heidi auf ihrem Besen

Wie kommt Heidi zu ihrer Freundin, ohne dabei dem Polizisten zu begegnen? Finde den Weg durch das Labyrinth.

Die Hexe und der verzauberte Hase machen ein Wettrennen.
Zeichne die Saltos der Hexe und die Sprünge des Hasen nach.

H O K U S

Hexe Heidi ist mit ihrem Hexenbesen unterwegs. Male die Felder in den richtigen Farben aus.

Hier Kommt der Elefant gerannt

Die Elefanten treffen sich am Wasserloch.
Verbinde die Puzzleteile mit der richtigen Stelle.

Male das Mandala in den richtigen Farben aus.

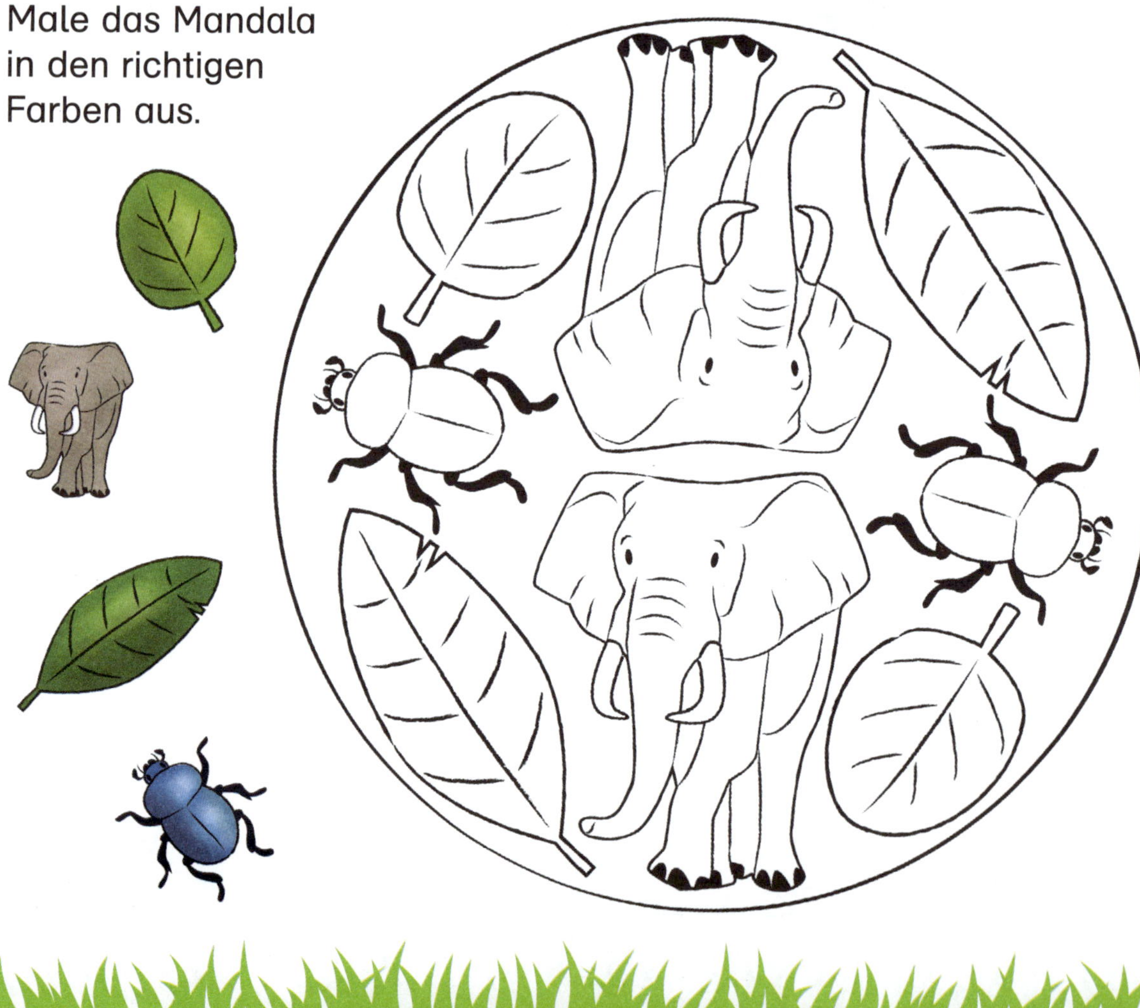

Im unteren Bild haben sich fünf Fehler versteckt.
Male dazu, was fehlt.

Meine Haustiere

Finn ruft seinen Hund Rocko. Finde den Weg durch das Labyrinth.

Die Katze spielt gerne mit Wolle. Zeichne die Bögen fertig.

Emmas Familie hat ein großes Aquarium mit Schildkröten und seltenen Fischen.
Verbinde die Puzzleteile mit der richtigen Stelle.

Findest du alle Buchstaben wieder? Male sie in den richtigen Farben aus.

KATER

Auf dem Schulweg

Was sollte man auf dem Weg zur Schule nicht vergessen? Verbinde die Zahlen von 1 bis 20.

1 — 2 — 3 — 4 — 5 —
6 — 7 — 8 — 9 — 10 —
11 — 12 — 13 — 14 — 15 —
16 — 17 — 18 — 19 — 20

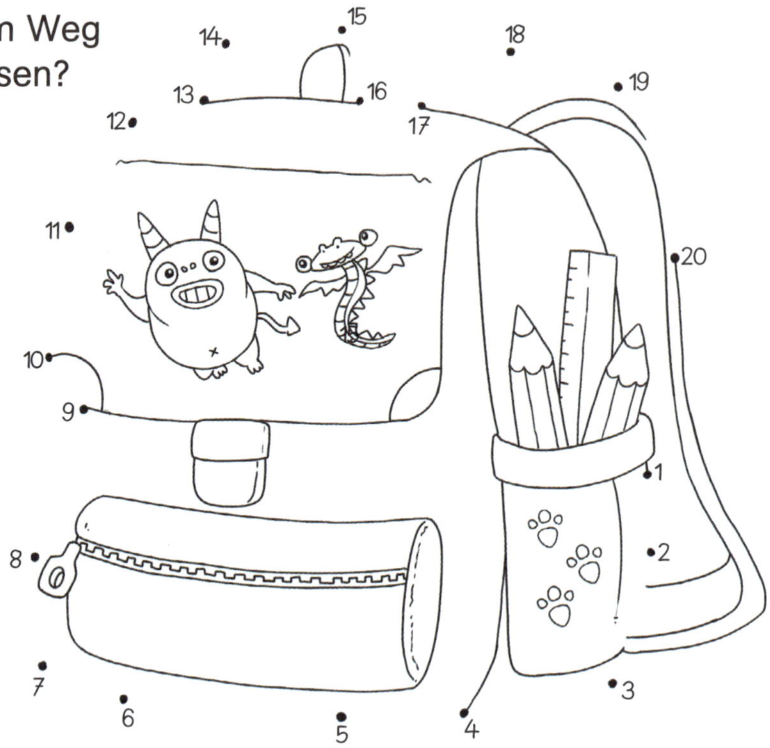

Lea und Ali müssen auf ihrem Schulweg immer an der Ampel warten. Verbinde die Puzzleteile mit der richtigen Stelle im Bild.

Die kleine Hexe kann in die Schule fliegen. Findest du die Dinge im Bild wieder? Kreise ein.

Lea und Ali zählen die parkenden Autos, an denen sie vorbei kommen. Findest du die Zahlen wieder? Male sie in den richtigen Farben aus.

Der geheime Schatz

Hilf dem Piraten, den Weg durch das Labyrinth zu finden.

Der Schatzkarte fehlen ein paar Teile. Verbinde sie mit der richtigen Stelle.

Die Piraten sind auf der Suche nach einem geheimen Schatz. Male dazu, was im unteren Bild fehlt.

Welche Bilder sind genau gleich? Verbinde.

Da, ein Tier!

Das sind ja lustige Buchstabentiere!
Verbinde immer die beiden Paare miteinander.

Welches Tier findest du hier? Verbinde von Punkt zu Punkt.

A—B—C—D—E—F—G—H—I—J—K—L—M—
N—O—P—Q—R—S—T—U—V—W—X—Y—Z

Wie viele Tiere siehst du hier? Verbinde.

4

7

5

6

Hier versteckt sich ein kleines Tier mit großen Augen.
Male die Felder in den richtigen Farben aus.

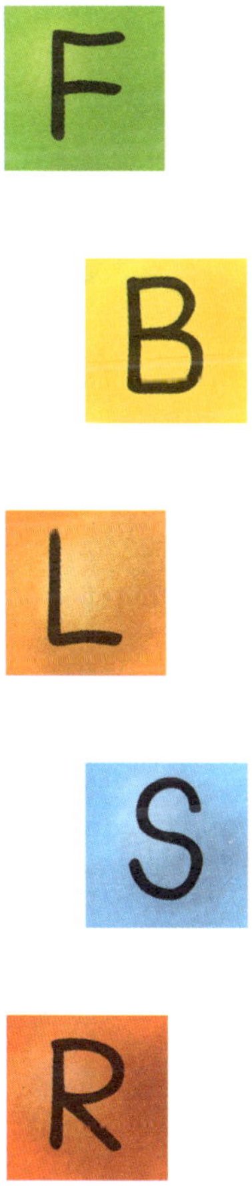

Im Märchenland

Kennst du das Märchen vom gestiefelten Kater? Leider ist das Bild dazu noch nicht ganz fertig. Verbinde die Zahlen von 1 bis 20.

1 — 2 — 3 — 4 — 5 —
6 — 7 — 8 — 9 — 10 —
11 — 12 — 13 — 14 — 15 —
16 — 17 — 18 — 19 — 20

Sieben Fliegen auf einen Streich! Findest du alles im Bild wieder? Kreise ein.

Der Königssohn möchte die Prinzessin befreien. Finde den Weg durch das Labyrinth.

Der Zwerg besucht Schneewittchen hinter den sieben Bergen. Zeichne die Spitzen der Berge nach.

Was machst du im Sommer?

Gibt es etwas Schöneres, als im Sommer ins Freibad zu gehen?
Verbinde alle Puzzleteile mit der richtigen Stelle.

Max spielt auf dem Spielplatz.
Verbinde die Zahlen von 1 bis 20.

1 — 2 — 3 — 4 — 5 —
6 — 7 — 8 — 9 — 10 —
11 — 12 — 13 — 14 — 15 —
16 — 17 — 18 — 19 — 20

An einem Ferientag geht Familie Sonntag in den Dinopark.
Schon von außen gibt es viel zu sehen. Findest du alles wieder?
Kreise ein.

Im Dinopark kann man die Skelette der Dinos sehen.
Welches gehört zu welchem Dinosaurier? Verbinde.

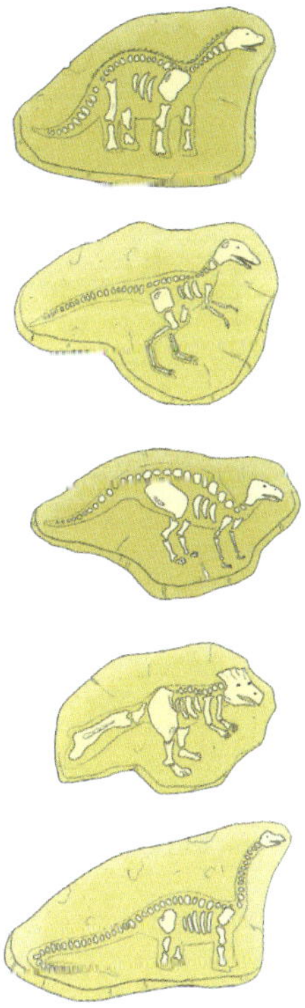

Tobi's Hobby

Tobis Hobby ist Basketball. Mit fast jedem Wurf trifft er den Korb. Findest du den Weg durch das Labyrinth?

Heute spielen die Kinder im Park.
Verbinde die Puzzleteile mit der richtigen Stelle.

Fahre den Weg des Balles bis zum Ziel nach.

Alle Vöglein sind schon da

Alle Vöglein sind schon da.
Aber fünf Dinge fehlen im unteren Bild noch. Male sie dazu.

Wie viele Tiere siehst du? Verbinde.

 7

 3

 2

Male die Felder in den richtigen Farben aus.

V O G E L

T wie Taube. Verbinde die Wörter mit den passenden Anlauten.

TAUBE

NASE

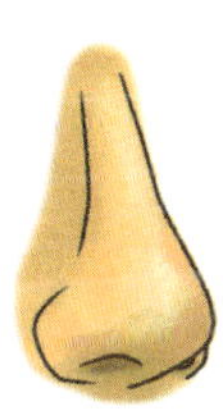

ESEL

SONNE

N E S T

Wie gruselig!

Wo ist denn der Freund der Fledermäuse? Verbinde die Zahlen von 1 bis 20.

1 — 2 — 3 — 4 — 5 —
6 — 7 — 8 — 9 — 10 —
11 — 12 — 13 — 14 — 15 —
16 — 17 — 18 — 19 — 20

Wie viele Dinge siehst du hier? Verbinde.

 2

 5

 4

 3

Hier wird ein gruseliges Halloween-Fest gefeiert. Findest du alles im Bild wieder? Kreise ein.

Zeichne das Muster im Zaubertrank nach.

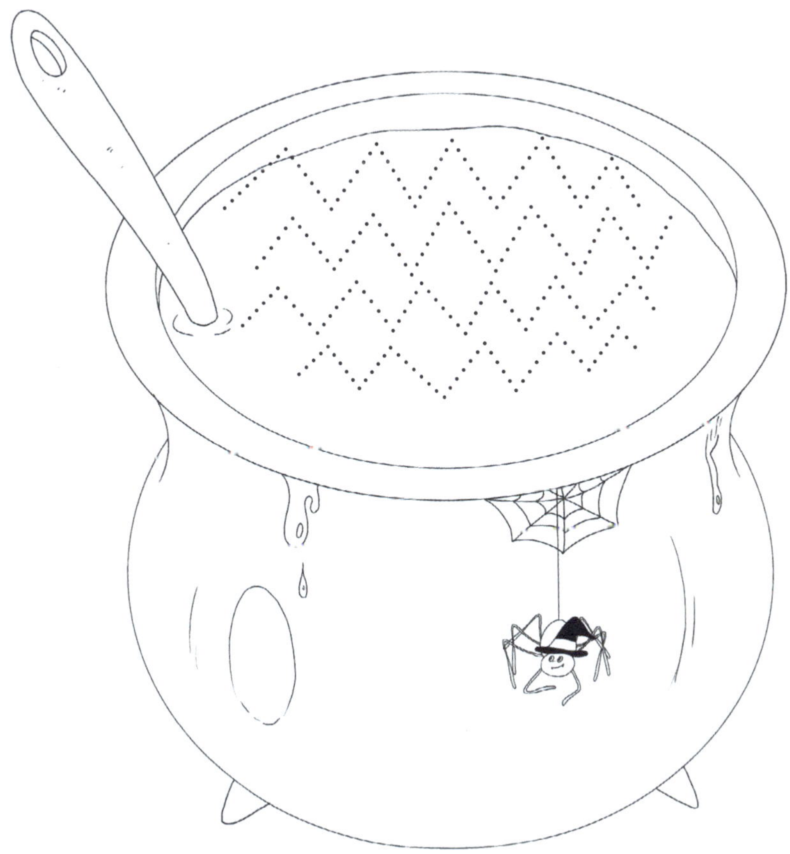

Im Zauberwald

Der Zauberer und die kleine Hexe sind heute im Wald. Findest du die Buchstaben? Male sie in den richtigen Farben aus.

Die Tiere hören dem Zauberer gespannt zu.
Kannst du alle Tiere im Bild wiederfinden? Kreise sie ein.

Hilf dem Zauberer, die Prinzessin zu befreien, und finde den Weg durch das Labyrinth.

Süße Leckereien

So viele Leckereien! Findest du sie in diesem Durcheinander wieder? Male sie in den richtigen Farben aus.

Welche Buchstaben sind genau gleich? Verbinde.

Der Bäcker hat eine riesige Torte gebacken.
Fahre das Muster aus Sahne nach.

Bei mir zuhause

Im Wohnzimmer fehlt noch etwas. Verbinde die Puzzleteile mit der richtigen Stelle.

Auch die Sachen aus dem Badezimmer sind verschwunden. Findest du sie wieder? Male sie in den richtigen Farben aus.

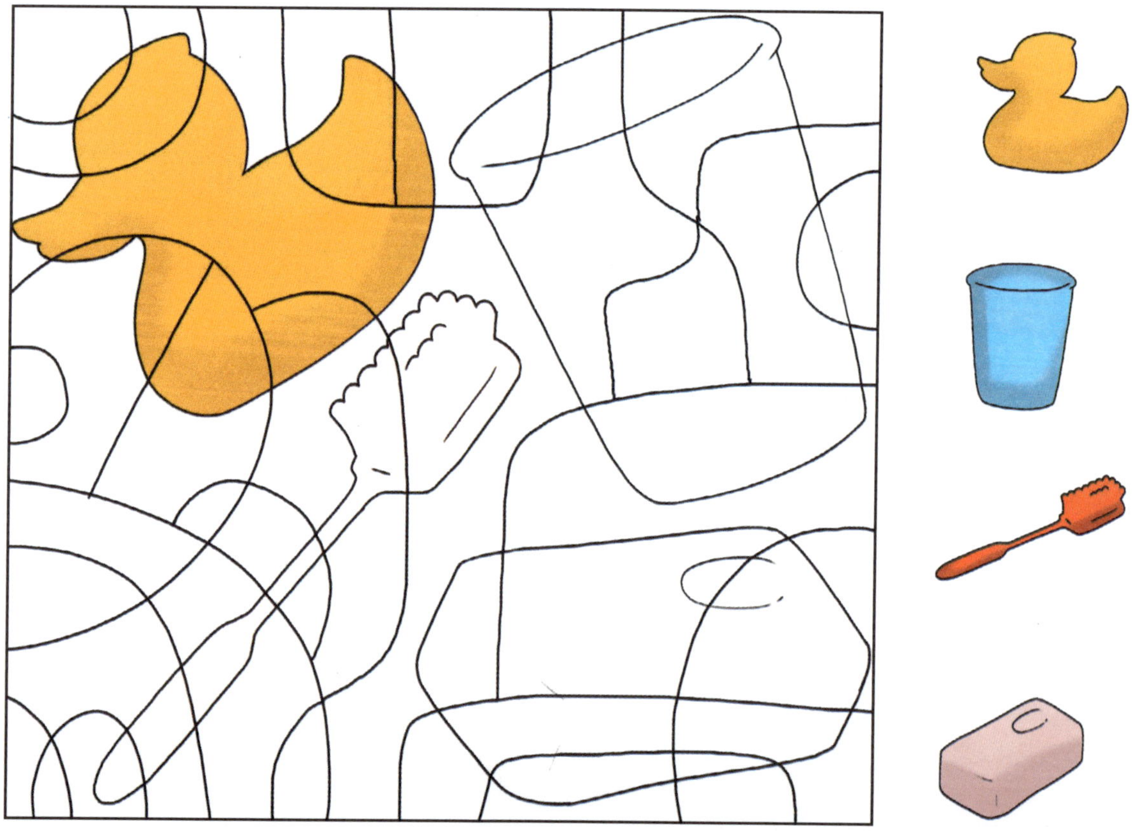

Mama holt Werkzeug aus dem Keller. Male die Felder in den richtigen Farben aus, dann siehst du, was sie braucht.

Z A N G E

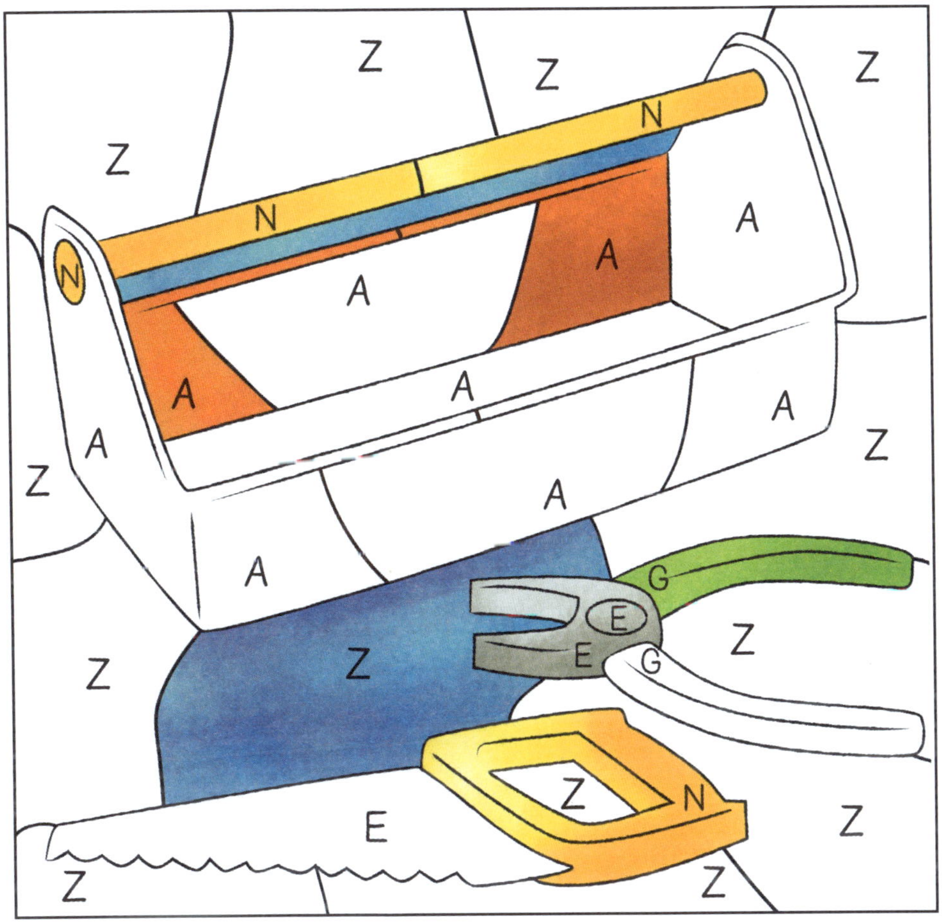

Wie viele Dinge sind das zusammen? Verbinde.

Karlo, das Krokodil

Wem gehören wohl diese Zähne? Verbinde die Zahlen von 1 bis 20.

1 — 2 — 3 — 4 — 5 — 6 — 7 — 8 — 9 — 10 — 11 — 12 — 13 — 14 — 15 — 16 — 17 — 18 — 19 — 20

Das Krokodil Karlo macht sein Maul auf und zu. Zeichne weiter.

Im unteren Bild sind fünf Fehler versteckt.
Male dazu, was noch fehlt.

Einkauf in der Stadt

Leni und ihre Mama fahren mit dem Bus
nach Vierstadt zum Einkaufen.
Verbinde die Puzzleteile mit den Lücken.

Welche Postleitzahl hat Vierstadt?
Finde die Zahlen, und male sie in den richtigen Farben aus.

Leni beobachtet einen Bagger. Hilf dem Baggerfahrer den Weg zum LKW zu finden.

Leni und ihre Mama sind im Laden angekommen.
Was kaufen die beiden ein?
Verbinde die Einkäufe mit den Anlauten.

MÜTZE	BUCH	KIRSCHEN	SALAT	ROCK

B S M R K

Abenteuer im Urwald

Welcher Urwald-Bewohner sitzt hier im Baum?
Male die Felder in den richtigen Farben aus.

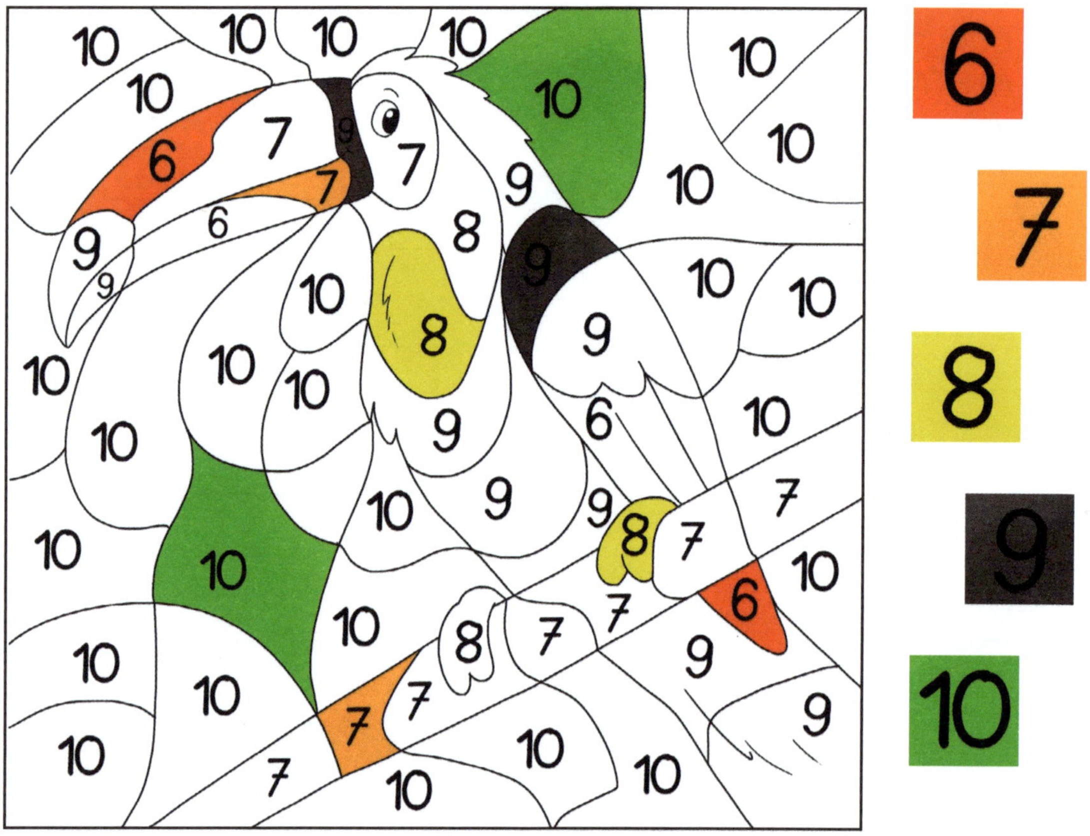

Zeichne das Muster der Schlangen nach.

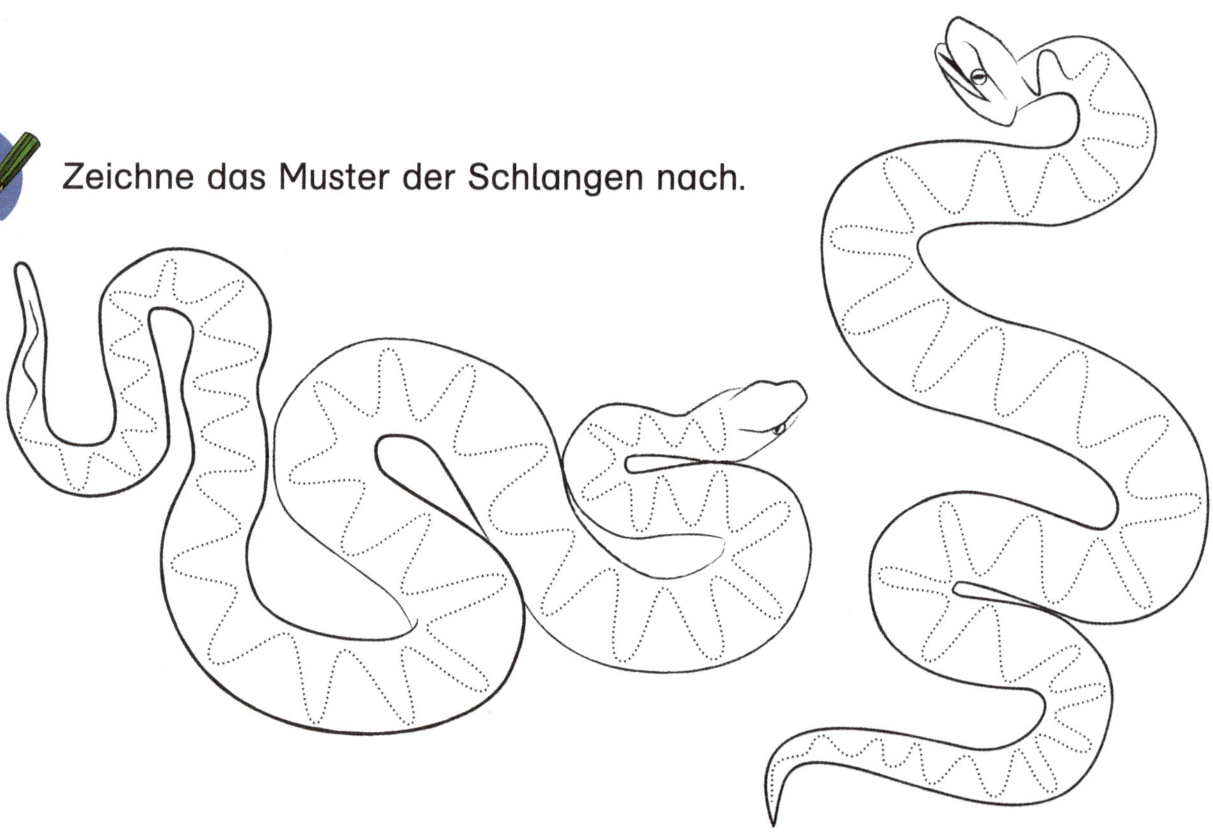

Worauf sitzt der kleine Vogel? Verbinde die Zahlen von 1 bis 20.

1 — 2 — 3 — 4 — 5 — 6 — 7 — 8 — 9 — 10 — 11 — 12 — 13 — 14 — 15 — 16 — 17 — 18 — 19 — 20

Male das Mandala in den richtigen Farben aus.

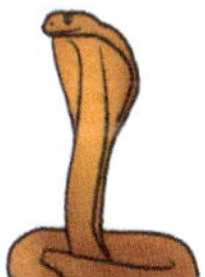

Auf geheimnis-vollen Spuren

Wie viele Tierspuren siehst du hier? Verbinde.

Welche Spuren stammen wohl von diesem Dinosaurier? Folge dem Weg durch das Labyrinth.

Zeichne die Spuren nach, die die Pinguine im Schnee hinterlassen haben.

Seeräuber Säbelzahn

Wer jongliert denn hier mit den Säbeln? Male die Felder in den richtigen Farben aus.

S Ä B E L

Die Piraten zählen, wie viele Dinge sie auf und neben dem Schiff sehen. Hilf mit, und verbinde.

 6
 3
 4
 5

Das Schiff soll schön bunt werden. Zeichne nach, was der Maler schon gemalt hat.

Auch Piraten müssen einmal schlafen gehen. Verbinde die Puzzleteile mit der richtigen Stelle.

Rabenschwarz und federleicht

Hier haben sich ein paar Buchstaben versteckt.
Finde sie, und male sie in den richtigen Farben aus.

Der Rabe ist das Lieblingstier der kleinen Hexe.
Federleicht fliegen sie durch die Lüfte.
Findest du die Paare? Verbinde.

Wie lustig der Rabe hüpfen kann! Zeichne seine Sprünge nach.

Finde den Weg durch das Labyrinth.

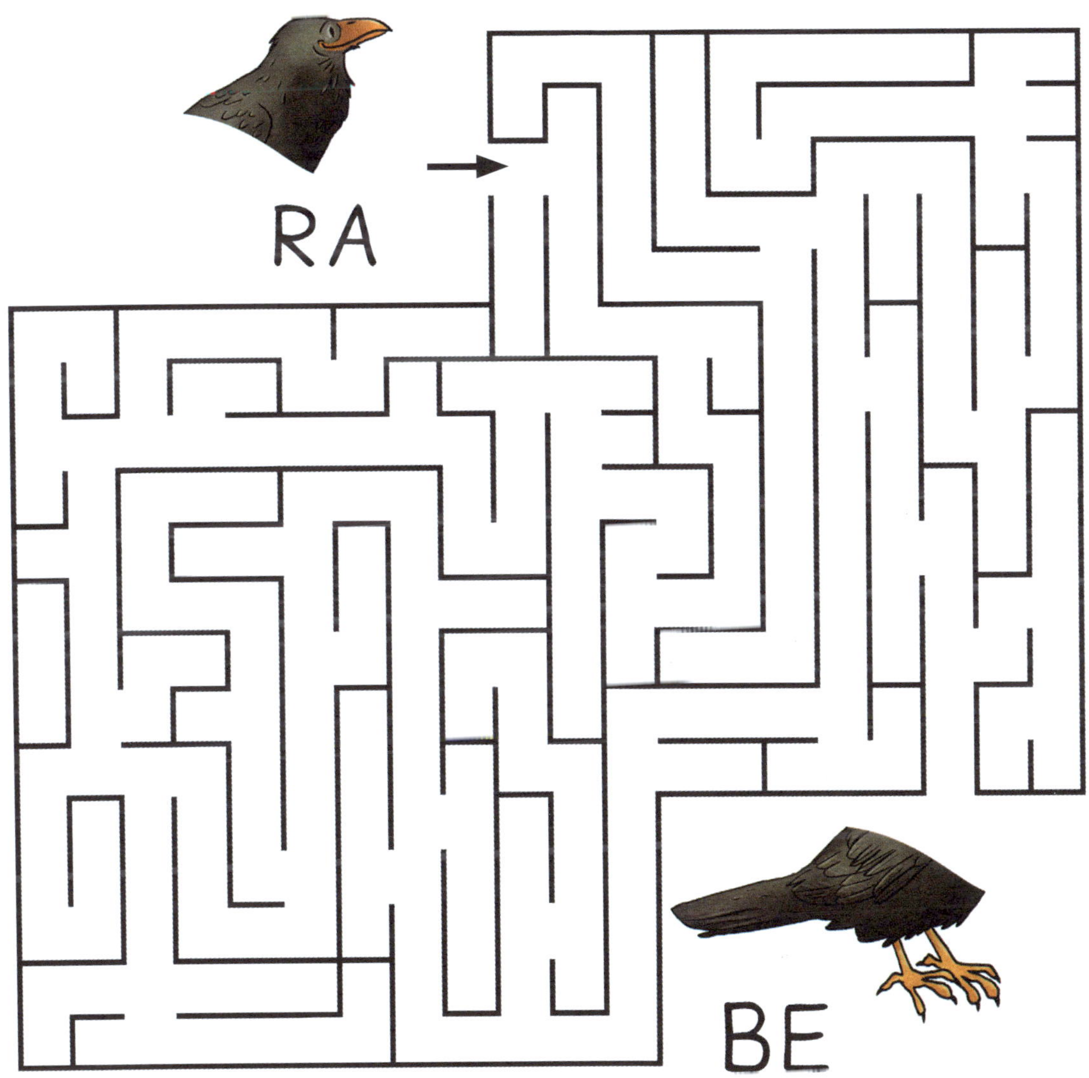

Lustige Wohnungen

Wer wohnt wohl hier? Verbinde die Zahlen von 1 bis 20.

1 — 2 — 3 — 4 — 5 — 6 —
7 — 8 — 9 — 10 — 11 — 12 —
13 — 14 — 15 — 16 — 17 —
18 — 19 — 20

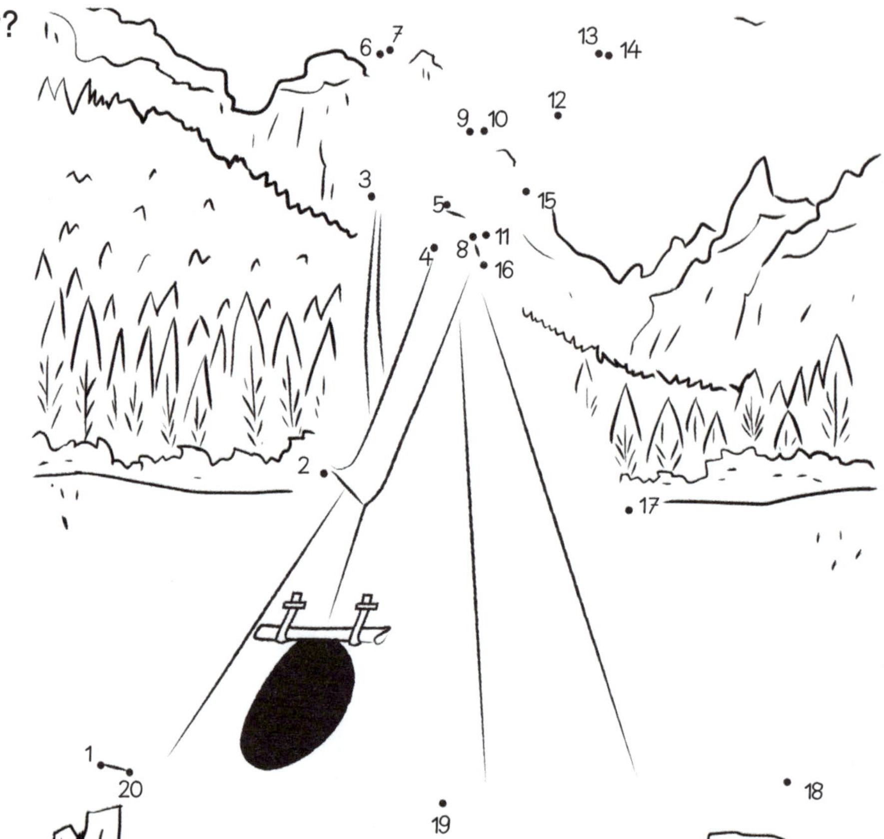

Ob in dem alten Turm auch jemand wohnt? Finde die Buchstaben, und male sie in den richtigen Farben aus.

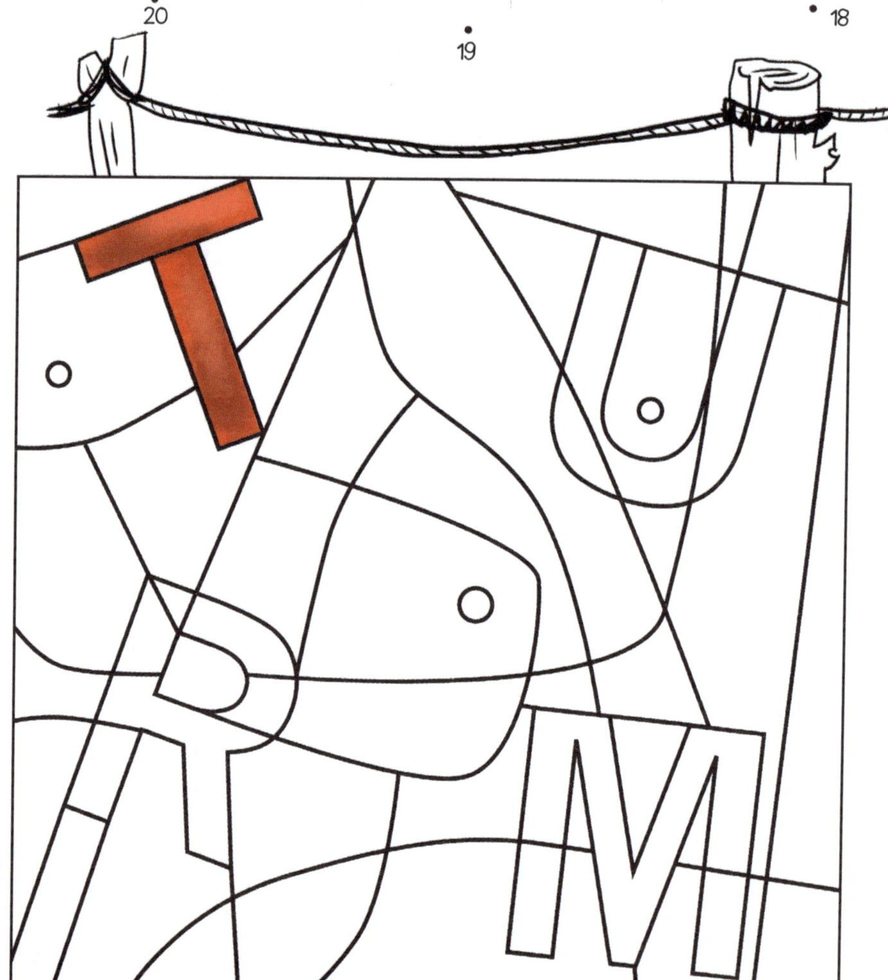

TURM

Die Wohnung des Clowns ist besonders bunt.
Male die Felder in den richtigen Farben aus.

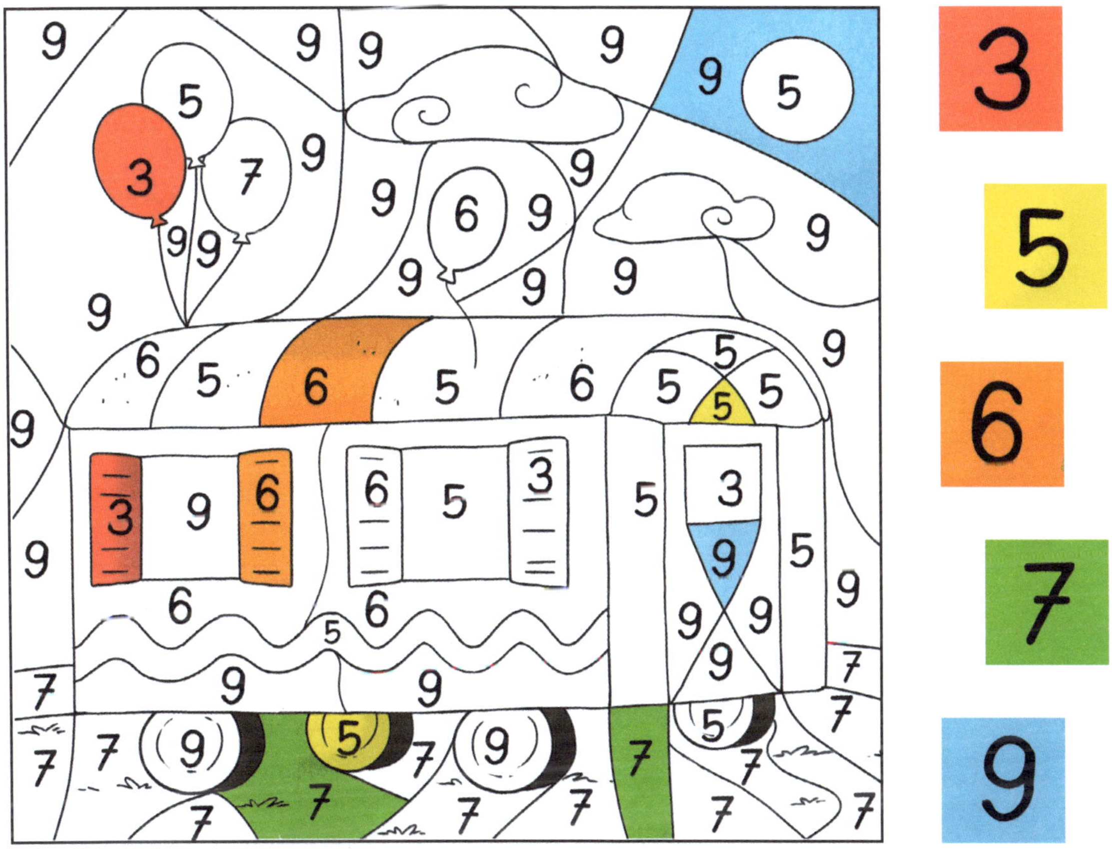

Das ist ja ein lustiges Haus!
Verbinde die Zahlen von 1 bis 20.

1 — 2 — 3 — 4 — 5 — 6 —
7 — 8 — 9 — 10 — 11 — 12 —
13 — 14 — 15 — 16 — 17 —
18 — 19 — 20

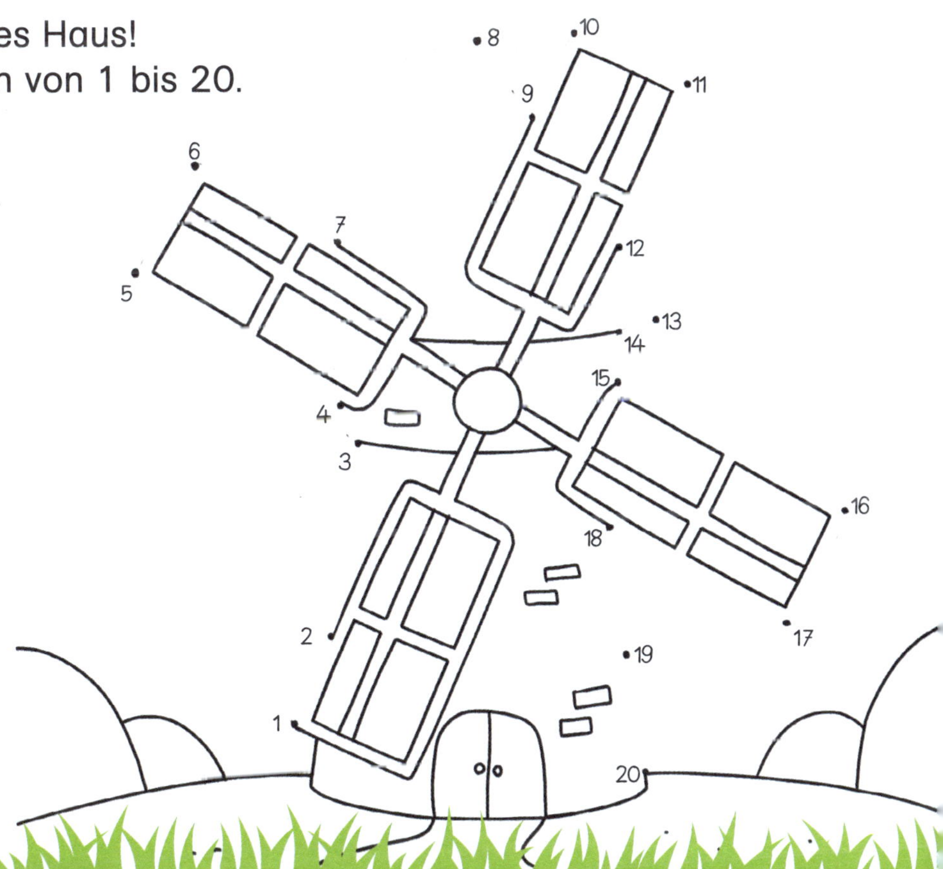

Auf dem Bauernhof

Zeichne die Sprünge des Hasen nach.

Im unteren Bild haben sich fünf Fehler eingeschlichen.
Male dazu, was fehlt.

Das Vögelchen will zu seinem Freund, dem Schwein.
Finde den Weg durch das Labyrinth.
Aber pass auf, dass du nicht im Käfig landest!

Eine verhexte Suche

Wie kommt die Hexe zu ihrer Katze?
Finde den Weg durch das Labyrinth.

Wo haben sich diese vier Hexenkessel versteckt? Male sie in den richtigen Farben aus.

Zu wem gehören diese Punkte? Male alle Felder in den richtigen Farben aus.

Was ist dein Lieblingstier?

Welche Tiere siehst du hier? Verbinde mit dem passenden Anlaut.

GIRAFFE

HUND

IGEL

KUH

H K G I

Was ist dein Lieblingstier? Vielleicht versteckt es sich hier.
Male die Felder in den richtigen Farben aus.

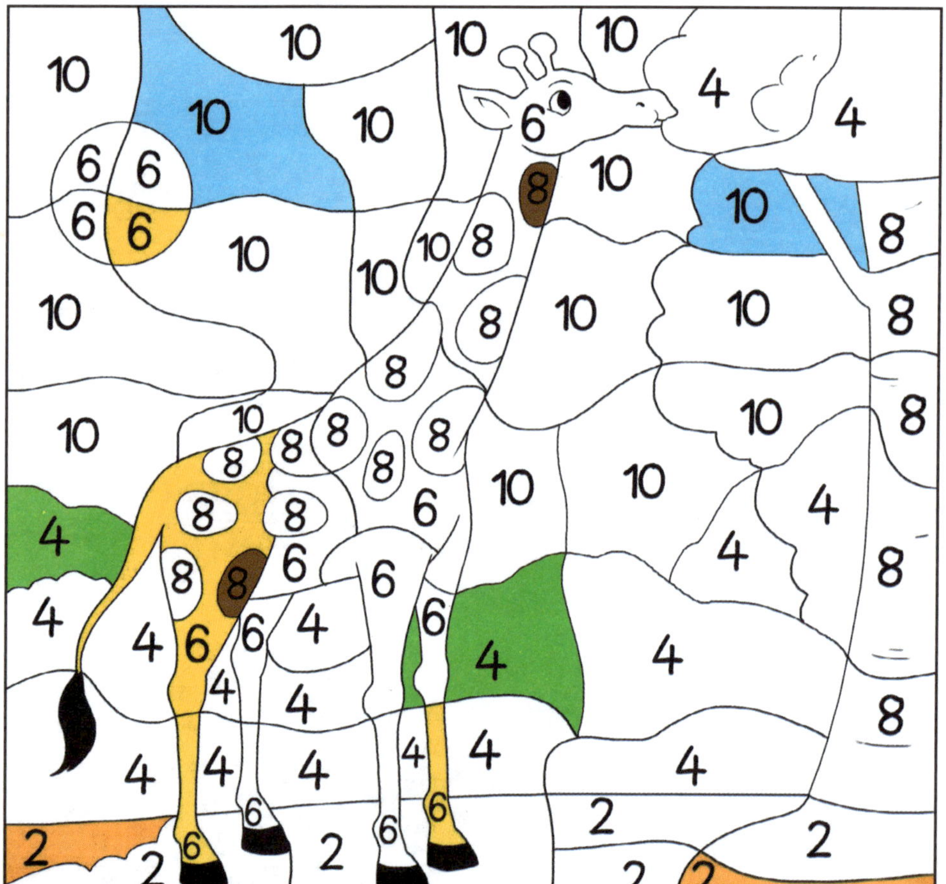

2

4

6

8

10

Findest du die Buchstaben wieder?
Male sie in den richtigen Farben aus.

Welches Tier versteckt sich hier? Verbinde die Zahlen von 1 bis 20.

1 — 2 — 3 — 4 — 5 — 6 — 7 — 8 — 9 — 10 — 11 — 12 — 13 — 14 — 15 — 16 — 17 — 18 — 19 — 20

Besuche Zwerge, Drachen und Elfen

Der Zwerg weiß nicht, wie er zu den Kegeln kommt. Hilf ihm, und finde den Weg durch das Labyrinth.

Zeichne die Sprünge nach, die die kleine Fee macht.

Was macht der Drache denn da? Verbinde die Zahlen von 1 bis 20.

1 — 2 — 3 — 4 — 5 — 6 — 7 — 8 — 9 — 10 — 11 — 12 — 13 — 14 — 15 — 16 — 17 — 18 — 19 — 20

Heute ist der erste Schultag für die kleinen Monster.
Immer zwei sehen genau gleich aus. Verbinde sie miteinander.

Von Affe bis Zebra

Finde die Buchstaben, und male sie in den richtigen Farben aus.

Z E B R A

Eine Möwe schwimmt auf dem Wasser. Zeichne die Wellen nach.

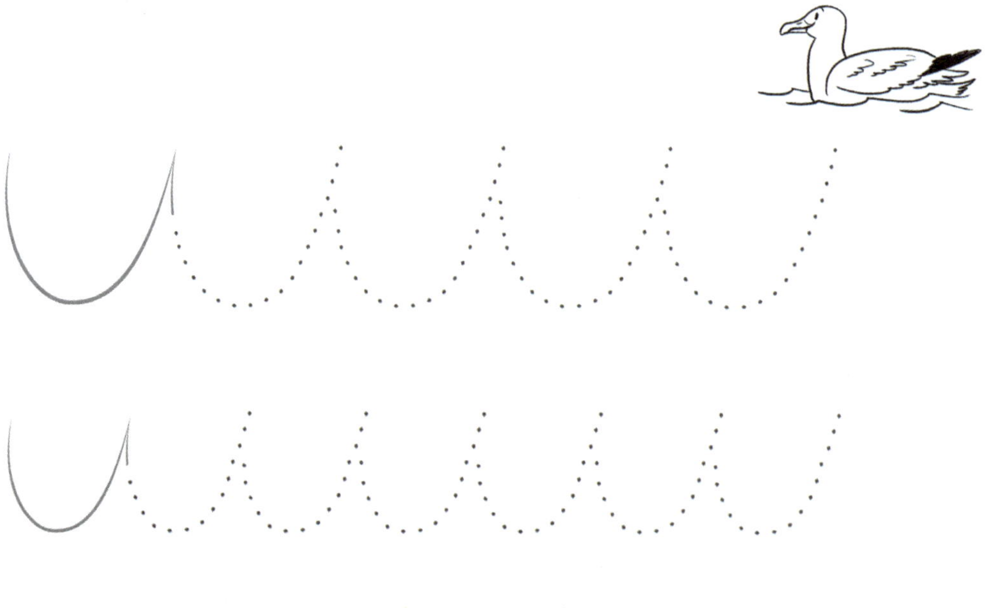

Welche Buchstaben sind genau gleich? Verbinde sie miteinander.

Fallen dir Tiere mit diesen Buchstaben ein?

A wie Affe, Z wie Zebra.
Verbinde den Anlaut mit dem passenden Tier.

M

K

Z

A

W

KATZE

AFFE

MAUS

WAL

ZEBRA

Bei den Dinosauriern

Die Dinosaurier unten sehen in eine andere Richtung als oben.
Erkennst du trotzdem die Paare? Verbinde.

Dieser Dinosaurier frisst am liebsten Gras. Zeichne es nach.

Wer versteckt sich hier? Verbinde die Buchstaben von A bis Z.

A—B—C—D—E—
F—G—H—I—J—
K—L—M—N—O—
P—Q—R—S—T—
U—V—W—X—Y—Z

Svenja ist im Dinosaurier-Museum.
Findest du die Dinge im Bild wieder? Kreise ein.

Auf dem Spielplatz

Hier fehlt doch noch etwas! Verbinde die Zahlen von 1 bis 20.

1 — 2 — 3 — 4 — 5 — 6 —
7 — 8 — 9 — 10 — 11 —
12 — 13 — 14 — 15 — 16 —
17 — 18 — 19 — 20

Verbinde die Puzzleteile mit der richtigen Stelle.

Wenn du die Felder in den richtigen Farben ausmalst, entdeckst du tolle Spielgeräte.

1	2	3	4	5

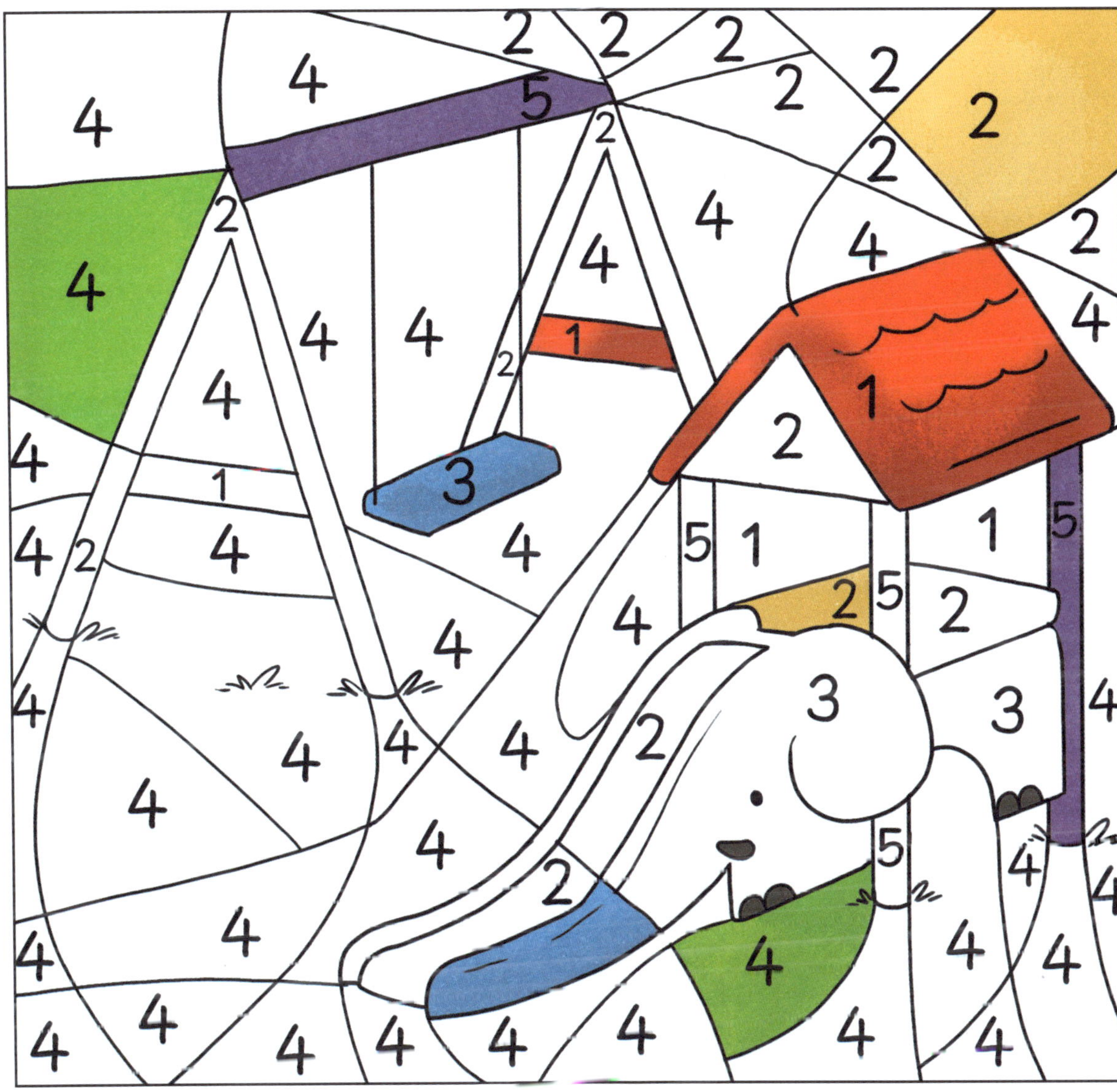

Tiere des Waldes

Welche dieser Waldtiere sind gleich? Verbinde.

Der Bussard sucht den Waldboden nach Mäusen ab. Spure seine Fluglinie nach.

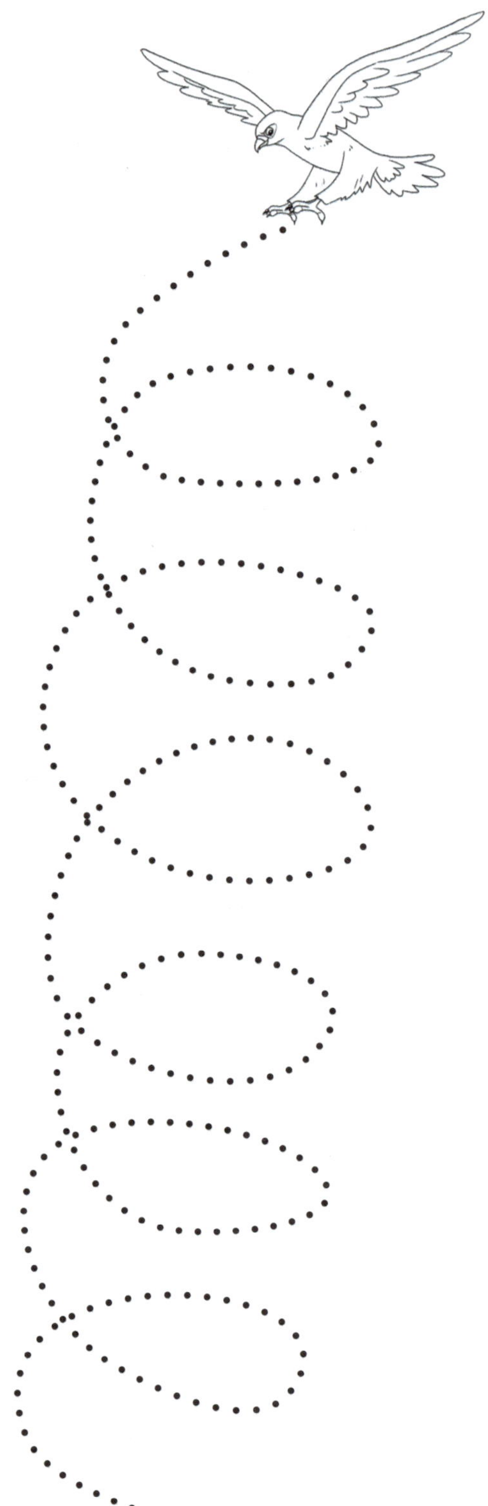

Findest du den Weg durch das Labyrinth?

Auf hoher See

Male das Mandala in den richtigen Farben aus.

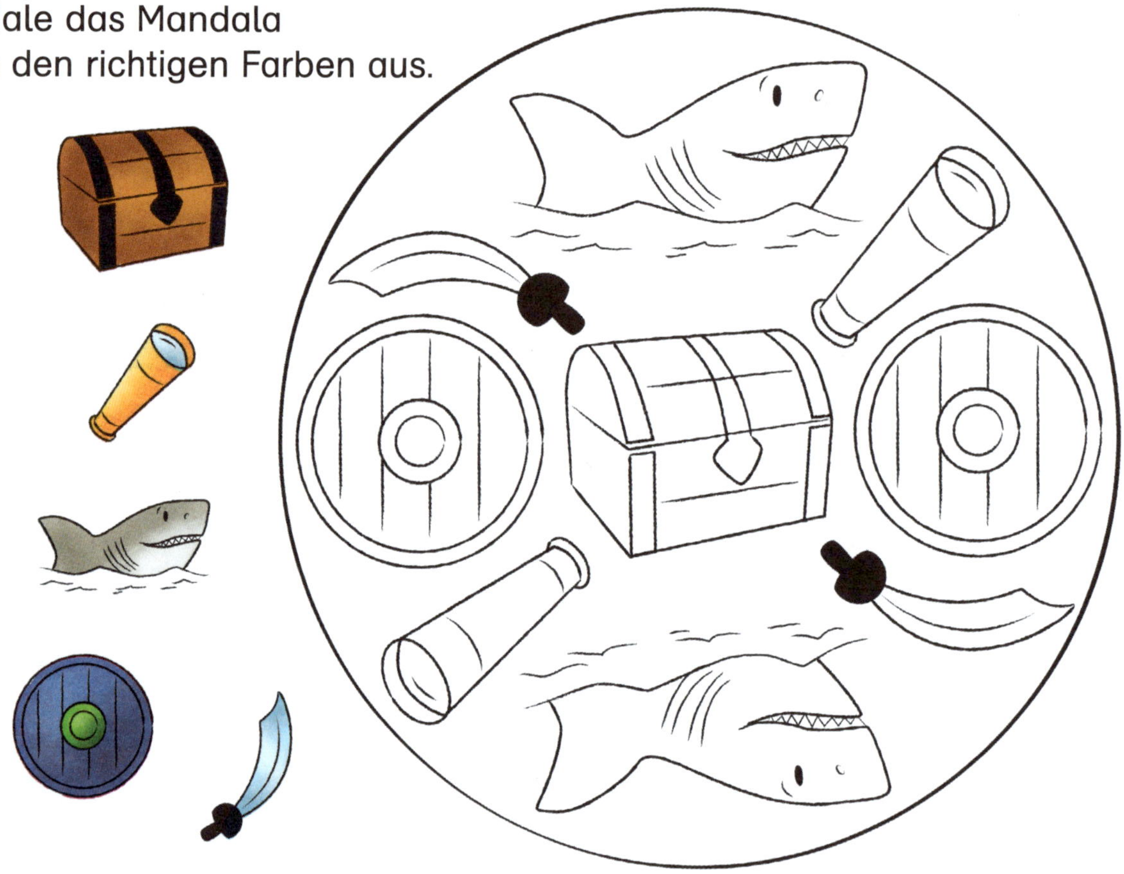

Was ist hier auf hoher See unterwegs?
Verbinde die Zahlen von 1 bis 20.

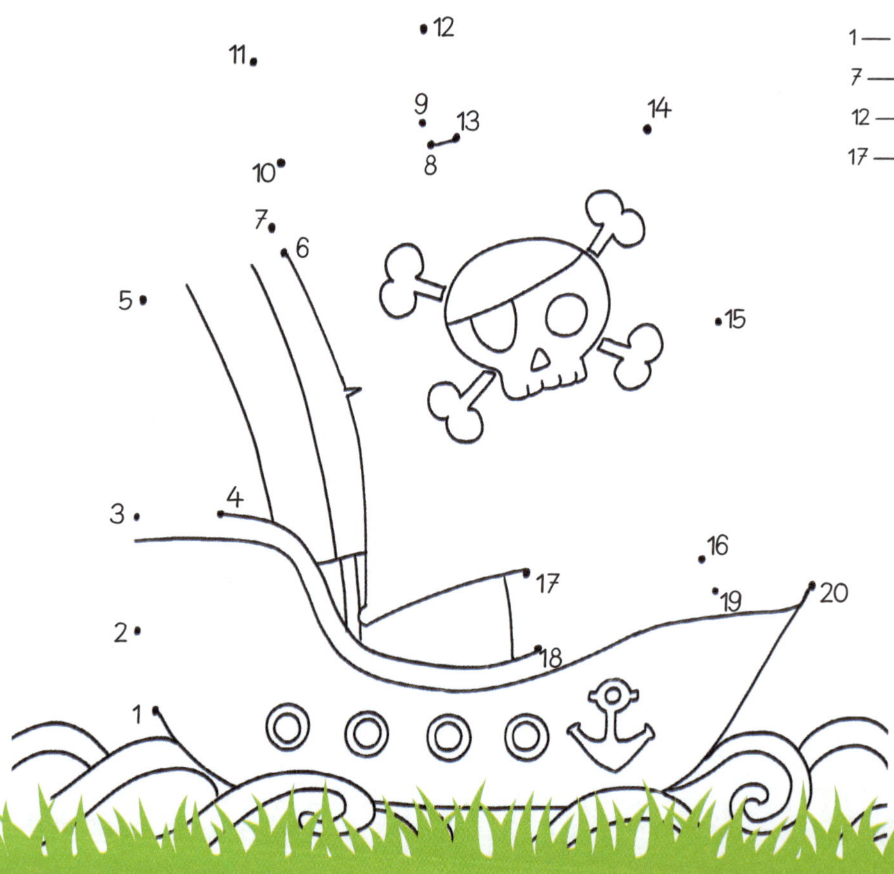

1 — 2 — 3 — 4 — 5 — 6 —
7 — 8 — 9 — 10 — 11 —
12 — 13 — 14 — 15 — 16 —
17 — 18 — 19 — 20

Im unteren Bild fehlen noch fünf Dinge, Male sie dazu.

Hoch oben auf dem Mastkorb sitzt ein Papagei.
Welche Bilder sind genau gleich? Verbinde.

Erfolgreich und bewährt:
DIE 100 Übungen zur Vorschul-Förderung!

ISBN: 978-3-12-949701-2

ISBN: 978-3-12-949706-7

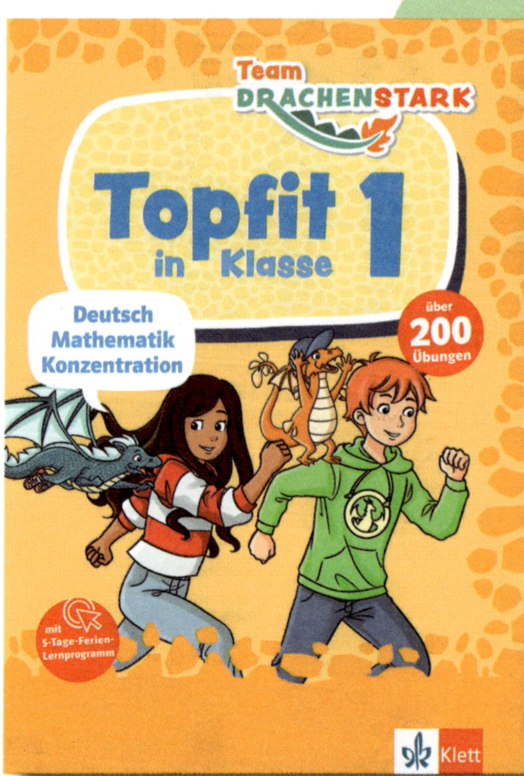

Topfit in Klasse 1

Deutsch-Mathematik-Konzentration

Drei Fächer – eine Klasse: Übungsbuch mit den wichtigsten Lerninhalten! Abwechslungsreiche Übungen und Lernspiele mit ausführlichen Lösungen. Starkes Extra: interaktives 5-Tage-Online-Lernprogramm für die Ferien.

ISBN: 978-3-12-949789-0

Mehr Infos im Buchhandel und unter **www.klett-lerntraining.de**